Mustapha Guenaou

Les contes populaires du hawz de Tlemcen, recueillis à Ain El Hûts

Mustapha Guenaou

Les contes populaires du hawz de Tlemcen, recueillis à Ain El Hûts

L'exemple du conte intitulé « La conviction du roi de la contrée »

Noor Publishing

Imprint

Any brand names and product names mentioned in this book are subject to trademark, brand or patent protection and are trademarks or registered trademarks of their respective holders. The use of brand names, product names, common names, trade names, product descriptions etc. even without a particular marking in this work is in no way to be construed to mean that such names may be regarded as unrestricted in respect of trademark and brand protection legislation and could thus be used by anyone.

Cover image: www.ingimage.com

Publisher:
Noor Publishing
is a trademark of
Dodo Books Indian Ocean Ltd., member of the OmniScriptum S.R.L Publishing group
str. A.Russo 15, of. 61, Chisinau-2068, Republic of Moldova Europe
Printed at: see last page
ISBN: 978-620-4-72011-1

Mustapha Guenaou

Les contes populaires du hawz de Tlemcen, recueillis à Ain El Hûts : l'exemple du conte intitulé « La conviction du roi de la contrée »

Préface

Les voies de connexion intergénérationnelles établies à travers le recueil et la transmission du patrimoine culturel immatériel narratif ne constituent pas uniquement un moyen de sauvegarde de ce noble héritage mais également un outil thérapeutique et éducatif incontournable.

« En utilisant sans le savoir le modèle psychanalytique de la personnalité humaine, ils [les contes] adressent des messages importants à l'esprit conscient, préconscient et inconscient, quel que soit le niveau atteint par chacun d'eux » (Bruno Bettelheim).

Conscient des vertus éducatives et thérapeutiques des contes populaires et éveillé de la nécessité de la sauvegarde du patrimoine culturel immatériel, le chercheur en Anthropologie Sociale et Culturelle, en l'occurrence « Mustapha Guenaou», nous fait revivre le passé socio-culturel et populaire de nos ancêtres.

A travers ses études et ses merveilleuses ballades par le biais des contes et des récits populaires, cet auteur nous renvoie, en effet, à ses études et ses publications qui constituent une preuve irréfutable sur l'intérêt qu'il porte à ce legs socio- culturel, menacé de disparition.

Il est intéressant et honorable de présenter brièvement l'auteur de cette publication. L'auteur est une personne simple et modeste, voire importante dans le cadre de la sauvegarde du patrimoine culturel matériel et immatériel en Algérie. Ce patrimoine en question est le patrimoine culturel immatériel dont les contes populaires.

L'auteur est passionné à travers plusieurs études au patrimoine culturel immatériel de Tlemcen (l'ancienne médina et le hawz). Par ailleurs, nous avons constaté qu'il s'intéresse à toutes les formes de la culture et de la production populaires de cette région étudiée :

- Les contes populaires ;
- Les énigmes et devinettes populaires ;
- La poésie populaire féminines (le hawfi ou romances féminines de Tlemcen et sa région) ;
- La poésie populaire masculine (le hawzi, genre de poésie populaire chantée) ;
- Les légendes populaires ;
- Les blagues socioculturelles populaires ;
- Etc

Se balader à travers l'un des contes populaires de la Perle du Maghreb est surement merveilleux. Dans cet ouvrage, l'auteur nous mène à Ain El Hûts surnommée « Blèd Eshorfa W el mrabtine » à travers un conte populaire du hawz intitulé « La conviction du roi de la contrée ».

Commençant par une agréable description de la conteuse et du lieu d'accueil, l'auteur nous révèle par la suite les marqueurs de ce conte populaire et ouvre la voie au lectorat pour symboliser les personnages de ce récit à leur manière et recueillir voire interpréter les enseignements et les messages socio-éducatifs.

L'auteur accompagne son étude d'une présentation géographique et historique du village d'Ain El Hûts, une présentation qui a été faite par l'orientaliste arabisant et berbérisant français Emile Janier (1909-1958) , ayant fait fonction de directeur de la Medersa et de l'enseignement franco musulman à Tlemcen, et abordant les aspects sociaux, politiques, juridiques et religieux du village Ain El Hûts.

L'auteur offre également aux intéressés un important recueil bibliographique sur la socio anthropologie du hawz de Tlemcen et du conte populaire de la région.

J'invite le lectorat à se plonger dans le passé socio-culturel de Tlemcen, la Ville d'Art et d'Histoire, comme l'a dénommée Georges Marçais (1876-1962), un peintre orientaliste français; je le conseille également de bien recueillir toutes les perles qui sont mises à sa disposition à travers cet ouvrage.

Sara Belaidi

Présentation[1]

[1] La présentation est publiée dans la contribution intitulée
« La conviction du roi de la contrée. Un conte populaire du hawz de Tlemcen. » In Revista argelina, n°12, 2021, pp.127-138

Ancienne capitale du Maghreb central, Tlemcen est un centre de rayonnement socioculturel où la culture populaire trouve sa place. Lors de nos diverses investigations sur le patrimoine culturel immatériel, des années durant, nous avons recueilli et transcrit plusieurs textes. Il s'agit, en effet, des textes en relation avec les milieux de la médina (intramuros) et de son hawz (extra muros) du territoire Tlemcenois.

Dans le hawz de Tlemcen, nous avons effectué de nombreux entretiens, accordés par nos informatrices de la localité qui, Ain El Hûts[2], est connue par un allonyme, « Blèd Eshorfa W el m'rabtine ». Le corpus est important et riche puisqu'il s'agit de vieux et anciens textes populaires, non transcrits mais, aujourd'hui, sauvés de la culture de l'oubli.

L'objectif de cette contribution vise, principalement, le faire – valoir de l'importance du patrimoine culturel immatériel, menacé de disparition. Cette question nous interpelle à chaque fois que nous y pensons au patrimoine culturel immatériel et à l'héritage, assimilés au legs familiaux, d'ordre socioculturel et mémoriel.

Dans ce cadre, nous voulons reprendre le texte d'un des contes populaires recueillis à Ain El Hûts auprès des vieilles femmes qui, aujourd'hui, sont décédées. Nous insistons sur la présentation du conte populaire que nous avons recueilli et transcrit pour lui donner une place dans la culture populaire locale.

Pour rester dans le cadre scientifique de l'étude des contes populaires du hawz de Tlemcen, en tant que patrimoine culturel immatériel local, nous avons formulé une problématique. Le conte populaire est intitulé « La conviction du roi de la contrée. »

A cet effet, la problématique se présente comme suit :

Quels sont les marqueurs de ce conte populaire ?

[2]Cf annexe n° 01

L'informatrice : une conteuse discrète

Dans le cadre de nos différentes enquêtes, effectuées à Ain El Hûts, auprès des vieilles femmes, nous avons pu recueillir des textes populaires pour constituer notre corpus relatif au patrimoine culturel immatériel local du hawz du Tlemcenois. Parmi nos informatrices[3], nous parlons de Hadja K. Bent B., alors septuagénaire.

Par son âge, elle a aimé faire transmettre le legs culturel, alors acquis auprès de ses aînées. Elle était une personne qui avait entendu, mémorisé et raconté plusieurs contes dont celui que nous présentons, dans le cadre de cette contribution, visant un enrichissement, une transmission et une sauvegarde du patrimoine culturel immatériel local d'Ain El Hûts.

Par sa passion, cette conteuse discrète, elle fouinait dans sa mémoire pour agrémenter par l'un de ses contes populaires, constituant son répertoire pour les uns et son corpus pour les autres. Sa simplicité nous conduisait à l'entendre avec beaucoup d'attention.

Assis sur une « haydoura » (peau de mouton[4]), nous l'écoutions dans un verbe et des expressions populaires locales d'invitation. Elle aimait introduire son conte par :

« Kan Ya Makane

Fi adim Ezamane

Wahd Essoltane

Hakem El Bûldane. »

(Il était une fois ,

Dans le passé lointain

Un [grand] roi

Qui gouvernait les contrées.)

[3]Il s'agit d'un nombre de femmes dont :

- Hadja K. Bent Bounguedih, décédée en 2014
- Hadja F. Z Bent El Houari, décédée en 2017
- A.Bent El Houari, décédée en 1999
- F. Benahmed, décédée en 2019

[4] Elle réalisait elle-même ce produit. Chaque année, elle réalisait une haydoura, après le sacrifice de l'Aid El Adha, communément connu localement Aid El k-bir.

Le lieu d'accueil est l'une des chambres du son domicile conjugal. Elle offrait ce qui était de la tradition, le café ou le thé, accompagné d'une des variantes de sucreries et gâteaux traditionnels de la localité[5]. Les conditions étaient conviviales pour certains et ambiantes pour les autres. Elle constituait un atelier de conte, particulièrement organisé et qui serait différent des autres[6].

Les séances se déroulaient dans de bonnes conditions. Le cadre social était favorable, bien que les interférences soient provoquées par les membres de la famille dont les enfants, connus pour leurs différents motifs de déplacement. Le récit populaire était bien raconté, avec une bonne articulation et surtout avec un accent féminin local.

Le patrimoine culturel immatériel et littérature populaire

Les contes populaires nous charmaient par les différents signes, marqueurs et rhétorique qui nous plongeaient dans le riche passé de la localité et de toute la région de Tlemcen et de son hawz. L'environnement était accueillant pour pouvoir assimiler facilement la structure, le contenu et la portée du conte populaire, entendu, mémorisé et raconté.

Il est à noter : « le charme du conte doit se rompre par le retour au temps qui passe et un rite [d'entrée et] de sortie vien (nent) nous aider. »[7] Il s'agit des expressions populaires, habituelles et rituelles que nous entendions. Elles nous plongeaient dans cette tradition, plus ancienne et intergénérationnelle.

Origine et sources de l'inspiration

La conteuse est une personne passionnée qui cherche à faire valoir des textes qui sont de l'apanage du patrimoine culturel immatériel local d'Ain El Hûts. Elle cherche à acquérir ou constituer un répertoire dans le cadre de la tradition orale pour le désir de la curiosité[8] du patrimoine légué par les ainés, qu'ils soient des membres de la famille ou des personnes anonymes.

---

[5] Nous citons, entre autres ;

- Griwèsh
- Kaak
- Ghribiya (variantes)
- Mbessess
- Sfendj
- Ma-erout
- Etc.

[6] Degeilh (Simone) et Nigou (geneviève), 2005, Un atelier conte. In Vie sociale et traitements (VST), 2005/4,n°88, pp.92-95

[7] Id.

[8] Bloch (Muriel), 2005, Une conteuse aujourd'hui et ses sources. In Conte en bibliothèque. 2005, pp.53-64

Intelligente, il s'inspirait du patrimoine culturel immatériel qu'elle aurait acquis auprès de ses aînées, dans le milieu familial ou dans le milieu social auquel elle appartenait. Elle revient au passé de la ville de Tlemcen, ancien capitale du Maghreb central et creuset de la culture arabo musulmane, voire le hawz. Elle s'inspirait de faits et d'événements sociétaux.

Dans la tradition locale, les contes populaires, ayant pour principaux personnages, le prince, la princesse ou le roi, retrouvent leurs origines dans l'histoire et la mémoire de Tlemcen, capitale du Maghreb central. Plusieurs textes oraux ont pour source d'inspiration le riche passé de Tlemcen et de son hawz.

La structure du conte populaire

Par la structure du conte populaire, nous entendons cette familiarité avec le récit populaire qui interroge l'histoire du conte et interpelle sa mémoire. Cette dernière nous invite à faire valoir l'importance des personnages, de la chronologie des faits et événements, et des rôles distribués. La structure est la principale dynamique du conte populaire, présentant fidèlement les marqueurs du récit populaire.

La structure du conte populaire que nous présentons présente les marqueurs d'un schéma que nous désignons par schéma adapté de la narration expressif d'un récit. Dans la recherche scientifique, le conte compte cinq étapes[9]. En plus, il recèle la structure triptyque, constituée d'une introduction habituelle et rituelle, d'un récit chronologiquement structuré et d'un enseignement, exprimé par la fin du conte populaire.

Bien qu'il soit un schéma quinaire[10], ce schéma nous renvoie, principalement, à la connaissance du riche passé socioculturel et populaire du Tlemcenois, territoire de la médina (intramuros) et le hawz (extra muros). Il rappelle les moments de convivialité, de socialité et de sociabilité. Nous insistons sur leur complémentarité.

Le contenu et l'intégralité du conte populaire

Le contenu du conte populaire nous renseigne et nous enseigne pour mieux saisir sa place dans la société et aux phénomènes sociaux qui impliquent les acteurs sociaux, qu'ils soient directes ou indirectes. Chaque personnage est symbole d'un geste, d'une conception ou d'une philosophie qui reste de l'apanage du patrimoine culturel immatériel local en général et du conte populaire en particulier.

[9] Les cinq étapes pour parler d'un schéma quinaire.
[10] La description de Paul Larivaille.

Les rôles des personnages du conte populaire sont distribués et non négociables. Chacun des personnages est porteur d'un message que toute personne est en mesure d'interpréter à sa manière et en fonction de son niveau socioculturel et son instruction.

Chaque rôle distribué est accrochant d'une part et interpellant d'autre part. Plusieurs mots et des expressions lui sont associés pour pouvoir mettre en valeur le contenu et l'intégralité du conte populaire, présentant les marqueurs d'un récit populaire.

Conclusion

Ceux qui auront le temps de lire un conte populaire pourront reconnaitre la portée de chaque récit populaire rapporté, conté ou raconté. Ils peuvent relever l'importance de tout conte, sa place sociale et sociétale et le rôle attribué à chaque personnage du conte populaire. Plusieurs réflexions peuvent se mettre en compétition pour mettre en avant les renseignements et les enseignements relevés, appréciés et commentés.

Des expressions populaires reviennent et interpellent l'Homme, qu'il soit une femme ou un homme, pour conduire à l'histoire et à la mémoire du conte populaire, connu ou fréquemment entendu. Les contes populaires locaux intéressent les enfants, comme les adultes. Ils interpellent les scientifiques des différentes spécialités des sciences sociales et humaines.

Le personnage du conte populaire s'identifie par le rôle qui lui est attribué et enrichi par les images et des représentations socio culturelles et socio anthropologiques. La signification se met en valeur, lors de l'interprétation ou du commentaire[11], ayant suivi le déroulement chronologique[12]des faits et des événements dans l'intégralité du conte populaire.

Ce conte populaire nous a nourri, avec ses renseignements et ses enseignements, pour nous livrer à faire valoir un pacte[13] que nous désignons par le pacte triptyque éducatif, narratif et expressif. Celui-ci recèle les marqueurs de la communication, de l'échange et du partage.

Celle qui raconte est une conteuse , celle qui, bien que discrète, fait fonction d'émetteur et celui qui l'écoute prend le rôle, la fonction et le statut de récepteur. Le support de la transmission est l'oralité où le feedback est cette compréhension échangée entre l'émetteur et le récepteur.

---

[11] Degeilh (Simone) et Nigou (geneviève), op.cit.

[12]Id.

[13]Id.

Picard (Catherine),2002, Conte et thérapie. In Dialogue, 2002/2,n°156, pp.15-22

Attentif avec beaucoup de marqueurs d'intérêt, nous avons pris tout notre temps pour faire valoir ce récit populaire. Il nous plonge dans l'apanage de l'interrogation de l'histoire du conte populaire et de l'interpellation de sa mémoire.

Ce conte populaire s'inscrit dans un registre, étroitement lié au patrimoine culturel immatériel local. Certains associent la narration d'un récit populaire ou un conte populaire comme une séance de thérapie[14].

[14]Id.

Le conte intitulé

"la conviction du roi de la contrée"[15]

[15]L'extrait est publié sous le titre *« La conviction du roi de la contrée. Un conte populaire du hawz de Tlemcen. » In Revista argelina, n°12, 2021, pp.127-138*

Kan Ya Makan

Fi Qadim Ezamman

Wahd El Malik

Ma ândou Chrik.

Il était une fois, un roi régnant sur une contrée. Tellement grande, cette contrée avait donné des idées au roi régnant. Convaincu, il voulait tester le degré d'attachement de son peuple au royaume. Il voulait, évidement, connaître le niveau de servitude et de service que le peuple arrive à rendre à son roi.

A cet effet, il réunit, un jour, son diwan[16], alors constitué d'un grand nombre de conseillers, fidèles au service du royaume et du roi.

Lors de la réunion extraordinaire, il leur fit une proposition, jugée extraordinaire : lui faire des suggestions pour le vivre - ensemble et l'amélioration des conditions socio- économiques du royaume, palais et peuple. Il insinuait des suggestions afin de pouvoir évaluer le degré d'intelligence chez ses collaborateurs directs.

Chacun des présents fit, avec respect et considération, une proposition pour les uns et une suggestion pour les autres. D'ailleurs, toutes les propositions et les suggestions furent enregistrées pour le roi. Jugées sans importance par le roi, elles furent, poliment, rejetées. La réunion fut, donc, levée, après un débat chaleureux avec une polémique que le roi jugea fructueuse.

Quelques jours plus tard, ce roi, pensif et voulant atteindre son objectif, décida de faire appel à un homme, marginalisé par la société. Sachant bien ce que la vie réserve, à chacun de nous, des surprises et des stupéfactions. Le roi aurait pensé, auparavant, à cette personne qu'il voyait, très souvent, plongée dans son silence et son statut de marginal.

Décidé, le roi envoya un émissaire pour ramener cette personne marginalisée au palais royal. Arrivé à l'endroit habituel, cet émissaire trouva cet homme, dans un état psychologique inquiétant et une situation vestimentaire d'un mal habillé.

Déçu ou mal renseigné, l'émissaire revint sur son chemin et il alla retrouver son roi pour l'informer et lui rendre compte de sa mission. Il lui décrivit la personne. Stupéfait, il écouta, attentivement, son roi qui lui confirmait la même description.

---

[16]Le conseil

Puis, il fut chargé, par conséquent, pour une seconde mission et pour le même ordre de recherche. Matinal, l'émissaire se leva de bonne heure, prit son cheval et reprit le même chemin d'avant-hier. Il avait peur de ne plus retrouver la personne en question puisqu'il pensait que le marginalisé serait déplacé, bien qu'il soit toujours reconnu comme Sans Domicile Fixe.

Arrivé au même lieu, il retrouva la personne recherchée, encore plongée dans son sommeil profond. Resté devant lui, il l'attendit pendant quelques temps, jusqu'à ce qu'il se réveille, tranquillement.

Une fois l'homme en question réveillé, l'émissaire se rapprocha de lui pour l'informer que le roi l'attendait au Palais. Ne croyant pas avoir écouté cet émissaire, cet homme, socialement marginalisé, pensait au pire : être arrêté pour une expulsion.

Suivant les consignes et recommandations de son roi, l'émissaire, convainquant, lui demanda de l'accompagner. Ils mirent quelques heures pour y arriver au Palais où le roi les attendait tous les deux.

L'émissaire accompagna le pauvre, le marginalisé, au hammam pour un bain matinal .Deux personnes l'attendirent avec plus d'attention. Tout content, il pensait toujours à une plaisanterie. Lavé et parfumé, il eut un beau costume traditionnel : un pantalon bouffon, une belle chemise, une coiffure attirante et un beau burnous.

Habillé convenablement, il fut conduit par deux autres personnes qui seraient, sans nul doute, des proches du roi. Avant de prendre la direction de la salle de réception où le roi avait l'habitude de recevoir ses hôtes, il est conduit vers une pièce pour pendre son petit déjeuner. Une chose inattendue et inhabituelle. Toujours dans le doute, il prit son repas matinal auquel il n'avait jamais pensé.

Puis, le soleil levant, le roi prit son temps pour accueillir la personne qui pourrait, éventuellement, l'aider à exaucer ses vœux : connaître son peuple par un geste.

Bien préparé physiologiquement et bien habillé, le pauvre se retrouve dans le palais royal et dirigé vers une autorité qui pourrait, à tout moment, lui couper la tête ou l'expulser de toute la contrée, sans explication ni recours.

Il commençait à avoir peur : moment de stress et d'angoisse pour le mauvais moment qu'il l'attendait. La peur le rongeait .Il avait la peur au ventre, malgré le bon repas du matin.

Conduit, il se retrouve devant le roi, assis sur une chaise, artisanalement bien sculptée. Il fut reçu avec beaucoup d'égards. Le tête à tête est devenu, pour les deux, importants : le roi pensait à un échec et l'autre à la déception.

Dans les deux cas, le pauvre marginalisé est passible d'une exécution ou d'une expulsion.

Le roi s'adressa à lui :

-Bien, voilà, je t'ai ramené pour connaître si tu es intelligent et tu bénéficieras d'une récompense.

L'invité du palais lui répond :

-Dans le cas contraire, quel sera mon sort ou plutôt mon avenir ?

L'échange se poursuivit dans de bonnes conditions :

-La libération !

-Que voulez-vous, donc ?

-Je te demande de me trouver un moyen pour pouvoir connaître si mon peuple garde de moi de bons souvenirs et s'il s'attache, fidèlement, au royaume.

Sachant qu'il a, encore, l'occasion de vivre quelques bons moments dans le palais royal et dans de bonnes conditions.

Et après quelques moments de silence, il lui dit :

-Pourrais-je avoir quelques jours de réflexion ?

Le roi, tout satisfait de la bonne volonté de cet homme, vivant dans la pauvreté extrême.

Il lui répondit :

-Donc, je te donne une semaine.

Tout content, le pauvre demanda au roi s'il pouvait disposer.

Le roi, voulant avoir une idée pour sortir de cette angoisse qui le rongeait depuis plusieurs mois, lui demanda de rester au palais royal. Sa prise en charge complète était confirmée, devant lui, par le roi.

Il prit, à cet effet, une belle chambre où il y avait une femme et un homme pour le servir dans ses déplacements, son hébergement et sa restauration, voire le changement de ses habits.

Une semaine de peur et d'angoisse .Le pauvre avait, vraiment, le temps de chercher des ruses ou autres moyens pour sauver sa peau.

Dans son sommeil profond, il fit un rêve. Ce rêve portait sur un chef religieux qui invita ses adeptes à lui faire remplir un puits creusé et vide ….avec de l'eau.

Le délai est arrivé à son terme.

La rumeur circulait .Pour eux, le roi est devenu fou. Et il invita à son palais des individus marginalisés.

Le lendemain matin, le pauvre fut accompagné à la salle de réception où le roi l'attendait.

Arrivé, il avait le visage pâle et la peur qui le brûlait, intérieurement. Le roi le reçoit et lui demanda :

-Qu'as-tu trouvé à me proposer ?

L'autre lui répondit :

- J'ai quelques choses.

-Quoi ?

-Il y a quelques jours, j'avais pensé à une idée. Il s'agit de creuser un puits et le construire avec du marbre ou du Zellidj (la faïence !).Puis, il faut inviter le peuple à venir un jour de vendredi, après la prière hebdomadaire et collective. Chaque chef de famille doit ramener avec lui une cruche de lait. Après, un ordre doit être donné : tous les présents doivent verser le lait contenu de leur cruche respective, en même temps.

A cet effet, il laissa le roi perplexe puisqu'il ne savait quoi faire devant cette proposition.

Le rendez- vous est pris pour le prochain vendredi.

Un crieur public est mis à la disposition du palais. Il a été, donc, chargé d'informer la population du projet du roi : remplir le puits de lait.

Pendant ce temps, le roi ordonna le creusement du puits et sa couverture en zellidj. Il fut réalisé, en un temps record.

Le jour J. Tout le monde est au rendez-vous, après la prière. Tous étaient devant le puits. L'ordre est donné pour verser le contenu des cruches, censées être remplies de lait.

Une fois les cruches versées, le puits fermé à l'aide d'un couvercle, esthétiquement bien réalisé.

Ayant toujours la peur au ventre, le pauvre rejoint le roi pour l'inviter à ramener un testeur de lait pour pouvoir vérifier la qualité du lait versé. Il pensait qu'il allait trouver le lait tourné, par la chaleur à l'intérieur du puits.

Il ne savait pas qu'une surprise allait l'attendre.

Sur place, et en présence du roi, de l'invité du palais et quelques conseillers, le testeur ouvrit le couvercle du puits et informa les présents qu'il n'y avait que de l'eau, uniquement.

D'ailleurs, chacun, pensant qu'à lui seul, avait versé de l'eau dans le puits, contenant le lait, apporté par les autres. Le roi a été surpris et félicita l'invité du palais pour son idée.

A cet effet, l'invité s'adressa au roi pour lui dire :

« Le malin pense toujours qu'il est plus intelligent que les autres. »

Bibliographie d'orientation pour une socio anthropologie du hawz de Tlemcen et du conte populaire

Livres sacrés

1-Le Coran
(Traduction nouvelle par le Cheikh Boubakeur Hamza)
Alger, ENAG éditions, 1989
(2 tomes)

Dictionnaires, Glossaires et Encyclopédies

BARAKE(Bassam)
Dictionnaire de linguistique. Français-Arabe
Avec un index alphabétique des termes arabes
Tripoli(Liban),Jarouss Presse, (?), 298 p

BEAUSSIER(Marcelin)
Dictionnaire Arabe- Français
Nouvelle édition, revue, corrigée et augmentée par Mohammed Bencheneb
Alger, La maison des livres, 1958
(2 tomes)

BOUIKEN BAHI (Amar Abdelkader)
Dictionnaire des proverbes et locutions proverbiales
Oran , LAROS,2007, 245p+198 p

CHEBEL (Malek)
Dictionnaires des symboles musulmans. Rites, mystique et civilisation
Paris, Michel Albin, 2000,501p

CHEVALIER (Jean) , GHEERBRANT (Alain)
Dictionnaires des symboles. Mythes, rêves, coutumes, gestes, formes, figures, couleurs, nombres
(Edition revue et augmentée)
Paris, Robert Lafont/Jupiter ,1992,1060 p

COLLECTIF
Encyclopédie de l'Islam
Leyde/Paris

COLLECTIF
Encyclopédie Berbère Tome IV
Aix en Provence, EDISUD,1997,

COLLECTIF (sous la direction de Mohammed Ali Amir –MOEZZI)
Dictionnaire du Coran
Paris, Robert Laffont,2008,981 p

COLLECTIF (sous la direction de Pierre BONTE et Michel IZARD)
Dictionnaire de l'ethnologie et de l'anthropologie
Paris, PUF,2007,842 p

COLLECTIF
Dictionnaire de sociologie
Paris, Larousse,2003,279 p
(Raymond Boudon, Philippe Besnard, Mohamed Cherkaoui, Bernard-Pierre Lécuyer)

DOZY (R.P.A)
Dictionnaire détaillé des noms des vêtements chez les arabes
Beyrouth, librairie du Liban,(?),444 p

GAID (Tahar)
Dictionnaire élémentaire de l'Islam
Alger, OPU,1991,418p
(2e édition)

GRANT (Michael et John Hazel)
Dictionnaire de la Mythologie

Un guide utile et précis. Et une initiation aux sources légendaires de notre civilisation.
(Belgique), Marabout, 1990,384 p

MAHREZ(Amine)
Glossaires raisonné des mots français d'origine arabe
Alger,éditions Dar El Othmania,2006,187 p

MATHIEU-ROSAY(Jean)
Dictionnaire Etymologique
(Belgique), Marabout, 1985,543

PONT-HUMBERT (Cathérine)
Dictionnaire des symboles, des rites et des croyances
Paris, Hachette, 2003,434 p

TIDJANI (Dina)
Dictionnaire des prénoms arabes
Lyon, Editions Tawhid, 2005, 419 p

WARING (Philippe)
Dictionnaire des présages et des superstitions
Traduit et adapté par Christel Rollinat
Paris, Editions du Rocher,1982,271 p

OUVRAGES BIBLIOGRAPHIQUES

CAPOT –REY
« La politique française et le Maghreb Méditerranéen (1643-1685). Bibliographie »
In Revue Africaine 1934, pp47-61 ,pp175-217 ,pp426-90 et 1935, pp 97-163

COLLECTIF
Mille et un livres sur le monde arabe
Paris, Maison des Sciences de l'Homme,1984,290 p

COLLECTIF
Le monde arabe et musulman au miroir de l'Université française. Répertoire des thèses soutenues dans les universités françaises, en Sciences de l'Homme et de la Société, sur le monde arabe et musulman (1973-1987)

Jacqueline Quilès, avec la collaboration de Danièle Bruchet, Marie Burgat, Monique Codron et Jean-pierre Dahdah)
Aix, CNRS, 1991,198 p

DEJEUX(Jean)
1-Bibliographie méthodologique et critique de la littérature algérienne 1945-1977
Alger, SNED, 1979,307 p
2-Situation de la littérature maghrébine de langue française. Approche historique-Approche critique. Bibliographie méthodique des œuvres maghrébine de fiction 1920-1978
Alger, OPU, 1982,269 p

HENRY(Jean-Robert)et BALIQUE (François)
La doctrine coloniale du droit Musulman Algérien. Bibliographie systématique et introduction critique.
(CNRS et Centre Régional de Publications de Marseille, Les Cahiers du CRESM)
Paris, CNRS,1979,178 p

JANIER (Emile)
1-« Bibliographie des œuvres d'Alfred Bel »
in Revue Africaine, 1945, pp110-16
2-« Bibliographie des publications qui ont été faites sur Tlemcen et sa région »
in Revue Africaine, 1949, pp314-34

LARNAUDE (Marcel)
« Bibliographie Algérienne (1934) » in Revue Africaine, 1935, pp196-209

MAYNADIES (Michel)
Bibliographie Algérienne. Répertoire des sources documentaires relatives à l'Algérie
Alger, OPU, 1989,336 p

SHINAR (Pessah)
Islam maghrébin contemporain. Bibliographie annotée
Paris, Editions du CNRS, 1983, 506 p

TRAVAUX OUVRAGES

ABBAS(Souad)

« Le modèle théorique de la ségmentarité : vers une vision dynamique de l'organisation sociétale », Insaniyat n° 07 (Janvier-Avril 1999). pp. 77-84

ABOU BEKR (Abdeslam)

1-« Usage de droit coutumier dans la région de Tlemcen », Revue Africaine, 1936, pp813-66

2- « Notes sur les amulettes chez les indigènes algériens », Revue Africaine, 1937, pp309-18

ACQUAVIVA (A.) et LAPANNE -JOUINVILLE (Sous-Lieut)

« Le Horm de Moulay Idriss (Fès). Notes et documents », Revue Africaine, 1947, pp171-4

ADDA BACHIR (Abdelkader Mazari)

Le pèlerinage

Oran, Editions Dar El Adib,2006,166 p

ADDI (Houari)

Les mutations de la société algérienne, famille et lien social dans l'Algérie contemporaine

Paris, La découverte, 1999,

ADHAHABIY (L'Imam)

Les péchés capitaux. Résumé de l'ouvrage de l'Imam Adhahabiy Traduction de Youssef Sattay. Revu et corrigé par le département des traductions

Bruxelles,Ed. El- Fajr, 2006,94 p

AL –JILI (Abd Al Karîm

De l'homme universel

Extrait traduit du livre Al-Insan Al-Kâmil

Traduction de l'arabe et commentée par Titus Burckhardt

Paris, Dervy –Livre, 1975, 98 p

AL MUQADDASI

Description de l'Occident Musulman au IV=X° siècle.
Alger, Editions Carbonel, 1950 ,122 p
(Texte arabe et traduction française avec introduction, des notes et quatre index de Charles Pellat)

AL MUNADJDJID (Salâh al-Dîn)

Le concept de justice sociale en Islam ou La société islamique à l'ombre de la justice.
(Traduction de l'arabe et annotation par Mohammed Hadj Sadok)
Alger, OPU,1982,144 p

AL YA'QUBI

Description du Maghreb en 276/889
(Extrait du « Kitab al-Buldân »
Alger, Institut d'Etudes Orientales,1962,XXVII p + 61 p
(texte arabe publié d'après l'édition de Leyde -1892- par Henri Peres, Professeur à la Faculté des Lettres d'Alger. Avant-propos et traduction annotée par Gaston Wiet, membre de l'Institut ; préface par Georges Marçais, membre de l'Institut)

AL UTHAYMIN

Les Règles exemplaires des Noms et Attributs Divins
(Paris),Ed. Sabil,2005,176p

AMRI (Nelly)

« Le corps du saint dans l'hagiographie du Maghreb médiéval »,Revue des mondes musulmans et de la Méditerranée N° double 113-114, sous la direction de Cathérine Mayeur-Jaouen et Bernard Heyberger) année 2006 « Le corps et le sacré en Orient musulman » ,pp59-90

ANASTASSIADOU (Meropi)

« Les cafés à Salonique sous les derniers Ottomans », in Collectif (S/D de Hélène Desmet-Grégoire et François Georgon) Cafés d'Orient revisités
Paris, CNRS ethnologie, pp79-90

ANATI (Emmanuel)

1-« Symbolisation, pensée conceptuelle et ritualisation chez l'homo sapiens », in (collectif, sous la direction de Julien Ries), Les origines et le problème de l'homo religiosus , volume I, pp177-208

2-« Les origines et le problème de l'homo religiosus », volume I, pp15-24in Traité d'anthropologie du sacré
Aix en Provence, Edisud, (1992),358p

ANDRE (général P.J.,C.R.)
Contribution à l'étude des confréries religieuses
Préface de M.J.Soustelle
Alger, Editions La Maison des Livres, 1956,368 p

ANONYME
1-Les types de monothéisme
Traduction et publication de Daroussalam ; révision de Mohammed Al –Amin Ben Ibrahim
Riadh, Daroussalam,2001,32 p
2-Les piliers de la foi
Traduction et publication de Daroussalam ; révision de Mohammed Al –Amin Ben Ibrahim
Riadh, Daroussalam, 2005,32 p
(2° edition)

ANONYME
Les rites du hadj, de la Omra et la visite ; La Mecque
Sl, sd, sp

ANONYME
La Fontaine des Gazelles. Contes populaires d'Algérie
Traduction et adaptation de : Annie Verdelet-Lamare et Abdelouahab Bensoltane
Paris, Editions Publisud, 1989,112 p

ASSAD(Mohamed)
Islam et décolonisation culturelle
Alger, imp. Sarri, sd,28 p

AVERROES
La Bidaya. Manuel de l'interprète des lois et traité complet du juriste du mariage
Traduction d'Ahmed Laïmèche
Beyrouth, Dar El Kotb Al Ilmiyah,2001,166 p

AURELLY (Barbey D')
Sur le sacré
5textes réunis et présentés par Philippe Berthier.
Paris-Caen, Lettres modernes, Minard, 2002,229p

BACHELARD (Gaston)
La poétique de l'espace
Paris, PUF,2007, 214 p

BARRY (Laurent)
La parenté
Paris, Gallimard,2008,861 p

BASSET (Henri)
1-« Nouvelles études de palethnologie maghrébine par M.Reygasse » (CR),Revue Africaine, 1922, pp208-10
2-« Etudes sur l'évolution des coutumes kabyle par P.Haccon-Campredon » (CR) ,Revue Africaine, 1922, pp359-61
3-« Les proverbes de l'Ahaggar », Revue Africaine, 1942, pp489-502
4-« Les historiens des chorfa. Essai sur la littérature historique et biographique au Maroc du XVI° au XX) siècle par E.Lévi-Provençal »(CR), Revue Africaine, 1922, pp305-10
5-« Le Folk-Lore par A. Gennep » (CR) ,Revue Africaine, 1924, p 376
6-« Les influences puniques chez les berbères », Revue Africaine, 1921, pp340-74

BASSET (René)
« Mille et un contes, récits et légendes arabes par H.Massé » (CR des T.I, II et III) , Revue Africaine, 1925, pp369-71 et 1927, pp 311-2

BATAILLON (Marcel)
« Mona. Etude étymologique » , Revue Africaine, 1932, pp75-86

BEAUD (Michel)
L'art de la thèse
Comment préparer et rédiger une thèse de doctorat, de magister ou un mémoire de fin de licence
Alger, Casbah éditions,1999, 172 p

BEAUD (Stéphane, Florence Weber)

Guide de l'enquête de terrain
(Nouvelle édition)
Paris, La Découverte, 2003,357 p

BEL (Alfred)

1-« Le pèlerinage à la Mekke, étude d'histoire religieuse, par Gaudefroy-Demombynes » (CR), Revue Africaine, 1925, pp371-74

2-« L'Islam mystique : A- Les confréries religieuses. B- Les saints », Revue Africaine, 1927 et 1928, pp 329- 72 et pp65-111

3-« Note de sociologie religieuse. Les fractions de la tribu berbero-arabe des Beni Hediyel (Sebdou mixte) dans une légende hagiographique »,Revue Africaine, 1932, pp45-61

4-« La fête du sacrifice en Berbérie » , Revue Africaine, 1932, pp87-125

5-« Une épitaphe tlemcenienne du XV° siècle de J.C. », Revue Africaine, 1935, pp239-55

6-« Discours à la séance d'ouverture du 2e Congr. De la FSSAN, Tlemcen, 1936 »,Revue Africaine, 1936, pp11-25

7-« Textes arabes en parler des Chleuhs du Sous par E. Desting » (CR) ,Revue Africaine, 1939, pp138-40
8-« Croyances et coutumes persanes suivies de contes et de chansons populaires par H .Massé » (CR) , Revue Africaine, 1939, pp293-6

9-« La religion musulmane en Berbérie ; Esquisse d'histoire et de sociologie religieuse. T.I Etablissement et développement de l'Islam en Berbérie du VII° au XX ° siècle par G.Marçais » (CR) ,Revue Africaine, 1939, pp426-9

10-« A propos de « Modd an-Nâbi » magrébins. Notes et documents », Revue Africaine, 1945, pp120-5

11-Une épitaphe tlemcenienne du XV° siècle de J.C.
Alger, Société Algérienne Algerienne,1935,17 p

12-La population musulmane de Tlemcen
Paris, Librairie Paul Geuthner,1908,57 p
(Extraits de la R.E.E.S.1908)

BELAMRI(Rabah)
Le soleil sous le tamis
Un enfant, une famille, un village d'Algérie avant l'indépendance
Paris, Publisud,1982,309 p

BELGASMIA (Nora)
« La relation bru/belle- mère à travers la poésie orale féminine chantée », Thurath (les cahiers du CRASC) n° 10, 2005 : Représentations sociales (sous la direction de Hadj Miliani) pp.17-31

BELHALFAOUI(Mohammed)
1-La poésie arabe maghrébine d'expression populaire
Paris, François Maspéro,1982,206 p
2-« Le Melhoun : une production classique et une relève »,Thurath (les cahiers du CRASC) n° 15, 2006 : Le melhoun : textes et documents (sous la direction de Ahmed Amine Dellaï)Pp 67-88

BELLIL (Rachid)
« Les zénétes du Gourara, leurs saints et l'Ahlelil », Insaniyat n° 11 (Mai-Août 2000). pp.99-108

BENABADJI (Foudil)
Tlemcen dans l'histoire à travers les contes et légendes
Préface de Mohammed Dib
Paris, Publisud, 2003,448 p

BENACHENHOU (A)
Connaissance du Maghreb. Notions d'éthographie, d'histoire et de sociologie
Alger, Editions Populaires de l'Armée,1971, 388 p

BEN ACHOUR(Bouziane)
Figures du terroir
Oran, Dar El Gharb, 2003,232 p

BENAISSA (Hamza)
Tradition et identité
Introduction à l'anthropologie traditionnelle
Alger, 2ditions El Mâarifa,2001,199 p

BENALI(Radjia)
« Education familiale en Algérie entre tradition et modernité », Insaniyat n° 29-30 (Juillet-Décembre 2005),pp.21-33

BENATTIA (Abderrahman)
Histoire d'une langue universelle.L'arabe
Alger, Editions Houma, 2006,383 p

BENAOUM(Ahmed)
1-« La présentation du numéro Le sacré et le politique », Insaniyat n° 11 (Mai-Août 2000), p 1.

2-« La tolérance dans le Qoran et dans les sociétés arabes et musulmanes » Insaniyat n° 11 (Mai-Août 2000),pp. 109-115

3-« Le Sacré et le politique. Argumentaire », Insaniyat n° 11 (Mai-Août 2000), pp.7-10

4-« Uled Sidi Esh Sheykh. Essai sur les représentations hagiographiques de l'espace dans le sud ouest de l'Algérie », Insaniyat n° 02 (Mai- Août 1997).pp187-196

5-Uled Sidi Esh Sheykh, essai sur les représentations hagiographiques de l'espace au sud-ouest de l'Algérie, Thèse de doctorat d'Etat es lettres et sciences humaines, Université de Provence-centre d'Aix, 1993

BENCHEHIDA (Abdellatif)
L'Arabiade
(Lettre du poète Boumediène Fardheb à l'auteur (en guise de préface)
Alger,SNED,1986,294 p

BENCHEHIDA (Mansour)

« L'imaginaire maghrébin dans l'honneur de Rachid Mimouni », Insaniyat n° 09 (Septembre- Décembre 1999), pp.85-101

BENCHENEB (Mohammed)

1-Florilège
Alger, Casbah Editions, 2006,300 p + 67 p

2-« Itinéraire de Tlemcen à la Mekke par Ben M'sayèb, poète populaire tlemcenien du XVIII° s »Texte et traduction française , Revue Africaine, 1900,pp 261-85

3-Proverbes arabes de l'Algérie et du Maghreb
Paris, 1904
(3 tomes , réédité avec présentation de Méliani Hadj)

4-« De la transmission du recueil de traditions de Bokhary aux habitants d'Alger », Revue Africaine, 1905, pp 99-116

5-« De l'origine du mot chéchia », Revue Africaine, 1907, pp55 et ss

6-« Poème en l'honneur du Prophète » ,Revue Africaine, 1910,pp 182-90

7-« Observations sur l'emploi du mot tellis: son origine », Revue Africaine , 1912,pp566 -70

8-« Du nombre Trois chez les arabes », Revue Africaine, 1926, pp105-78

BENCHENEB (Rachid)

1-« L'argot des arabes d'Alger », Revue Africaine, 1942, pp72- 101

2-« Textes arabes d'Alger » ,Revue Africaine, 1943 et 1944, pp219-43 et pp 123-40

3- « Trois récits de chasse de la région de Médéa », Revue Africaine, 1946, pp184-93

BENCHENEB (Saâdeddine)

1-« L'adieu au mois de Ramadhan », Revue Africaine, 1932, pp104-15

2-« Chansons satiriques d'Alger (première moitié du XIV ° siècle de l'Hégire) », Revue Africaine, 1933, pp75-117 et 296-352

3-« Chansons de l'escarpolette » , Revue Africaine, 1945, pp287-90

BENDJELID (Abed)

« L'anthropologie d'un nouvel espace habité : Enjeux fonciers et spécialités des classes moyennes à Oran(Algérie) », Insaniyat n° 02 (Mai- Août 1997).pp5-26

BEN GHEBRIT-REMAOUN (Noria)

« L'enfant de la rue-espace jeu »,Insaniyat n° 02 (Mai- Août 1997),pp43-57

BEN GHEBRIT (Si Kaddour)

« Tlemcen, perle du Maghreb Tlemcen et sa région », N° spécial de Richesses de France, 1er trimestre 1954, pp13-20pp43-4

BENHADJI SERRADJ (Mohammed)

« Pages de folklore tlemceniern. Le retour du printemps »,IBLA, Tunis, 1951, pp 73-82

BENHAMOUDA (Boualem, docteur)

1-Les clés de la langue arabe
Alger, OPU,1993,413 p
(2e édition)

2- L'origine arabe de la langue Française
Paris, Dialogues éditions, 1996,131p

3-L'origine exacte de certains mots espagnols. Etudes accompagnée de citations à apporter au dictionnaire de l'Academie Royale de Langue espagnole
Alger, éditions Dar El Oumma,1991,126 p

BENOIST (Luc)

Signes, Symboles et mythes
Paris, PUF,2007,127 p
(Que Sais-Je ?) (9ième édition)

BENRAMDANE (Farid)
« Espace, signe et identité au Maghreb. Du nom au symbole », Insaniyat n° 09 (Septembre- Décembre 1999), pp.5-17

BENTOUNES (Cheikh Khaled)
Le soufisme, cœur de l'Islam
Propos recueillis par Bruno et Romana Solt
Préface du Père Christian Delorme
Setif, Editions « El-Alamein », 1997,274 p

BENZAOUI (Fadéla)
« La page blanche : toile de lin pour l'imaginaire », Insaniyat n° 09 (Septembre- Décembre 1999), pp.107-119

BERGER (Peter) et THOMAS(Luckmann)
La construction sociale de la réalité
Paris, Armand Colin, 2006,358p

BERQUE (Augustin)
1-« Un mystique moderniste : le Cheikh Benalioua », Revue Africaine, 1936, pp691-776
2-« Les intellectuels algériens », Revue Africaine, 1947, pp123-51 et 260-76

BERQUE (Jacques)
1-Structure sociales du Haut Atlas suivi de retour aux Seksawa
Paris, PUF, 1978,513p

2-Ulémas, fondateurs insurgés du Maghreb
Paris, Sindbad, 1982,297p

3-« Documents anciens sur la coutume immobilière des Seksawa », Revue Africaine, 1948, pp363-402

4-« Un glossaire notarial arabo-chleuh du Deren (XVIII° siècle) », Revue Africaine, 1950, pp357-98

BESNARD (Joséphine) et DESPLANQUES (Guy)
La cote des prénoms en 2005
Paris, Balland, 2004,479 p

BIARNAY (S)
« Notes d'ethnographie et de linguistique nord-africaines par H.Massé (CR) », Revue Africaine, 1926, p89

BICHR (Fares)
« L'honneur chez les arabes avant l'Islam par M.Canard (CR) », Revue Africaine, 1935, pp214-6

BLANC (Georges)
Le livre blanc des quatre saisons
Paris, Robert Laffont,1988,177 p

BOBINEAU (Olivier) et TANK-STORPER (Sébastien)
Sociologie des religions
Paris, Arnaud Colin,2007,128 p

BODIN (Marcel)
« Notes et questions sur Sidi Ahmed –ben- Youssef », Revue Africaine, 1925, pp115-89

BOISSEVAIN (Katia)
« Corps d'adeptes,paroles de Dieu et visions de saints. Pratiques rituelles masculines et féminines dans deux sanctuaires de Tunis », Revue des mondes musulmans et de la Méditerranée N° double 113-114, sous la direction de Cathérine Mayeur-Jaouen et Bernard Heyberger) année 2006 « Le corps et le sacré en Orient musulman » ,pp179-93

BOUALI (Sid'Ahmed)
1-Petite introduction à la musique classique algérienne
Alger, SNED, 1968,32 p
(Préface de Mahmoud Bouayed)
2-Les deux grands sièges de Tlemcen
Alger, ENAL, 1984,189 p

BOUAMRANE (Chikh, Dr)
Regards sur la culture d'hier et d'aujourd'hui
Alger, HCI, 2005,263p

BOUANANE(Kahina)

« Folie et sacré : deux manifestations du surréalisme dans les textes africains », Insaniyat n° 29 , (juillet- décembre 2005), pp.101-114

BOUAYAD (Mahmoud)

L'extraordinaire aventure d'une copie du Mus'-haf du Khalif 'Uthman en Espagne et au Maghreb
(Texte en langue arabe et résumé en langue française, Publié avec le concours de l'HCI)
Alger, E NAG éditions, 2004, 9+ 98 p

BOUBEKEUR (Cheikh Si Hamza)

Un soufi algérien Sidi Cheikh. Sa vie, son œuvre, son rôle historique, ses descendants (Oulâd Sidi-Cheikh)
Paris, Maisonneuve & Larose,,1990,280 p

BOUCHERIT (Aziza)

L'arabe parlé à Alger
Alger, Editions ANEP,2006,338 p

BOUDECHICHE (Smaïl)

Repères coraniques. Hizb « Amma » et « Sabbih »
Alger, Dahlab, 1995,216 p

BOUDJEDRA (Rachid)

Vies quotidiennes Contemporaines en Algérie
Paris Hachette1971, 253 p

BOUGHRARA (Hadri)

Voyage sentimental en musique arabo-andalouse
Paris, Méditerranée-Edif 2000, 2002,

BOUMAZA (Zoulikha)

« La rue dans le vieux Constantine : espace public marchand ou lieu de sociabilité ? », Insaniyat n° 02 (Mai- Août 1997), pp 27-42

BOUMEDINI (Belkacem)
« Chants de femmes pendant la guerre de libération », Thurath (les cahiers du CRASC) n° 15, 2006 : Le melhoun : textes et documents (sous la direction de Ahmed Amine Dellaï)pp 143-50

BOURAYOU (Abdelhamid)
Les contes populaires algériens d'expression arabe
Alger, OPU, 1993,267 p

BOURDIEU (Pierre)
1-Langage et pouvoir symbolique
Paris, Editions Fayard, 2001,423 p

2-La domination masculine
Paris, Le Seuil, 2002,177 p

3- sociologie de l'Algérie
Alger, Dahlab, 1996,127 p
(7e édition, QSJ)

BOURRILLY (J, Laoust E.)
« Stèles funéraires marocaines par H.Massé » (CR), Revue Africaine, 1928, pp313-4

BOUSQUET (G.H.)
1-« Enquête sur le domaine relatif de la législation française, de la loi musulmane et de la coutume en Afrique du Nord », Revue Africaine, 1935, pp373-78

2-« Note sur deux aspects contemporains du culte des saints chez les musulmans »,Revue Africaine, 1936, pp777-82

3-« Un Qânoun kabyle contemporain », Revue Africaine, 1936, pp867-72

4-« La canonisation spontanée d'un saint inconnu », Revue Africaine, 1937, pp319-22

5-« Le jeûne des algéroises et le fiqh » , Revue Africaine, 1938, pp729-35

6-« Les deux stèles kharidjite de Djerba. Notes et documents », Revue Africaine, 1942, pp156-60

7-« Les unions mixtes et l'Etat Civil européen. Notes et documents »,Revue Africaine, 1943, pp273-8

8-« Inscriptions funéraires en français sur les tombes musulmanes. Notes et documents », Revue Africaine, 1944, pp266-9

9-« Annonces matrimoniales islamiques . Notes et documents »,Revue Africaine, 1945, pp117-9

10-« La Baraka, le mana et la Dunamis de Jesus. Notes et documents »,Revue Africaine, 1947, pp166-70

11-« L'Islam Magrébin. Introduction à l'étude générale de l'Islam par R. Le Tourneau » (CR),Revue Africaine, 1947, pp175-7

12-« Promenades sociologique. I. Une medersa déchue : Mazouna. II. Aïn El Hoût », Revue Africaine, 1947, pp305-9

13-« Les enfants naturels musulmans et l'Etat Civil. Notes et documents, in Revue Africaine, 1949, pp140-2

14-Le rituel du culte des saints (à propos du livre de T. Canaan) , in Revue Africaine, 1949, pp277-90

15-Promenades sociologiques .III : Les noms patronymiques féminins des Douars Tacheta et Zougerra. -Notes et documents »,Revue Africaine, 1949, pp335-8

16-« Notes sur quelques petites bid'as. Notes et documents »,Revue Africaine, 1950, pp159-60

17-« Les grandes pratiques rituelles de l'islam par R. Le Tourneau » (CR), Revue Africaine, 1950, pp190-1

18-« L'adoption dans la famille tunisienne », Revue Africaine, 1937, pp127-59 (avec la collaboration avec Demeerseman, RP)

19-« La garde des enfants (hadhâna) dans la famille tunisienne », Revue Africaine, 1940, pp36-76 (avec la collaboration avec Demeerseman , RP)

20-« Note sur des usages relatifs à la dot dans la région d'Aumale. Notes et documents »,Revue Africaine, 1947, pp301-4 (avec la collaboration de M'hamsadji Nour –Eddine)

21-« Carnaval de l'Achourâ à Ouarzazate (Maroc). Notes et documents »,Revue Africaine, 1948, pp185-6 (avec la collaboration de Peltier-Grobleron , Mme J.)

22-« Les enfants naturels musulmans et l'Etat civil à Alger », Revue Africaine,1949, pp140-142

23-« Le rituel du culte des saints »,Revue Africaine,1949, pp276-90

BOUSSER (M) et KHELLADI (A)
« Enquête sur le trousseau (Choura) et le sadaq au Maroc (premiers résultats) », Revue Africaine, 1942, pp102-55

BOUTEMENE (Yahia)
1-La zaouïa des Ouled Sidi Benamar, près de Nédroma
Tlemcen, Editions « La Koutoubia », 1950,40 p

2-« La zaouia de Sidi Benamar Tlemcen et sa région », N° spécial de Richesses de France, 1er trimestre 1954, pp13-20 pp58-9

BOUTERFA (Saïd)
Yennayer ou le symbolisme de Janus
Alger, Musk Editions, 2002,158 p

BOUVIER (Pierre)
1-Le lien social
Paris, Gallimard,2005, 401 p

2-« Lecture « socio-anthropologique » du contemporain », in Mythes,rites,symboles dans la société contemporaine (sous la direction de Monique Segré),pp23-37

BRETON (Philippe) et PROULX (Serge)
L'explosion de la communication
Alger, Casbah éditions, 2000,320 p

BRETON (Roland)
Géographie des langues

Alger, Casbah éditions, 1998,127 p

BROSSELARD (Charles)

« Les inscriptions arabes de Tlemcen », In revue Africaine T.III (1858-1859),T.IV ((1859-1860),T.V(1860-181), T.VI (1861-1862):articles « Tombeau de l'Ouali Sidi Abd Allah Ben-Mansour » et « Tombeau de Sidi Mohammed Ben –Ali »

BRUNEL (René)

« Essai sur la confrérie religieuse des Aissâoua au Maroc par H.Massé » (CR), Revue Africaine, 1927, pp312-4

BRUNOT (Louis)

1-« De l'influence du Substrat arabe sur la prononciation du français dans les classes de débutants », Revue Africaine, 1938, pp845-7

2-« L'arabe dialectal marocain par H.Massé (CR) », Revue Africaine, 1928, p315 (avec la collaboration de Ben Daoud Mohammed)

3-« L'enfant marocain. Essai ethnographique scolaire par H.Massé » (CR), Revue Africaine, 1926, pp 89-91

BRUNOT-DAVID (Mme)

« Les broderies de Rabat par M.Bel » (CR), Revue Africaine, 1944, pp156-62

BRUNSCHVIG (Robert)

1-Deux récits de voyage inédits en Afrique du Nord au XV° siècle. Abdalbasat Ben Halil et Ardone.
Paris, Larose éditeurs, 1936, 136 p

2-« Mesures de capacité de la Tunisie Médiévale » ,Revue Africaine, 1936, pp86-96

3-« Léon l'Africain et l'embouchure du Chelif », Revue Africaine, 1936, pp599-604

4-« La versification arabe classique : Essai d'une méthode nouvelle », Revue Africaine, 1937,pp325-44

CAILLAT (G)
« Le voyage d'Alphonse Daudet en Algérie (1861-1862) », Revue Africaine, 1923, pp11-115 et 1924, pp 65-174

CAILLE (Alain)
Anthropologie du don
Paris, La Découverte, 2007,276 p

CAILLOIS (Roger)
1-L'homme et le sacré
Paris, Gallimard, 2006,250 p

2-Le mythe et l'homme
Paris, Gallimard, 2002,189p

CALVET (Louis-Jean)
La sociolinguistique
Paris, PUF,2009,127 p
(Que Sais-Je ?) (6ième édition)

CAMPANILE (Enrico)
« Aspect du sacré dans la vie personnelle et sociale des celtes » In (Collectif sous la direction de julien Ries)L'homme indo-européen et le sacré. Aix en Provence, Edisud,1989, Volume II du Traité d'Anthropologie du sacré. pp155-82

CAMPS (G.) et MOREL (J.)
« Alimentation des paléoberbères (temps préhistoriques) », in Encyclopédie Berbère, Tome IV, pp473-83

CAMPS- FABRER (H.)
« Ambre », in Encyclopédie Berbère, Tome IV, pp569-76

CAMPS- FABRER (H.)et MORIN BARDE (M.)
« Amulette », in Encyclopédie Berbère, Tome IV, pp613-22

CANARD (Marius)
1-« La lutte chez les arabes », Revue Africaine, 1932, pp127-90

2-« Le Coran, traduit par A.Laïmèche et B.Ben Daoud, (CR), Revue Africaine, 1933, pp366-8

3-« L'Islam et l'évolution de la culture arabe depuis l'Antiquité jusqu'à nos jours par M.Soualah » (CR) , Revue Africaine, 1934, p531

4-« La guerre sainte dans le monde islamique et dans le monde chrétien », Revue Africaine, 1935, pp605-23

5-« Un grand saint de l'Islam : Abd al-Kadir Guilani ,1077-1166, par Mehemmed Ali Aïni » (CR), Revue Africaine, 1942, pp314-6

CANTINEAU (J)

1-« Géographie linguistique des parlers arabes algériens », Revue Africaine, 1936, pp91-3

2-« Les parlers arabes du département d'Alger »,Revue Africaine, 1937, pp703-11

3-« Les parlers arabes du département de Constantine »,Revue Africaine, 1938, pp849-63

4-« Lexique Soqotri (Sud-arabique moderne) avec comparaison et explication étymologique par Wolf Leslau » (CR), Revue Africaine, 1939, pp140-4

5-« Les parlers arabes du département d'Oran « Revue Africaine, 1940, pp220-31

6-« Les parlers arabes des territoires du Sud », Revue Africaine, 1941, pp72-7

7-« Les verbes à allongement vocalique interne en sémitique par H.Fleisch » (CR) , Revue Africaine, 1947, pp179-81

8-« Voyelles longues et voyelles brèves par M.Durand » (CR), Revue Africaine, 1947, pp330-4

CARATINI (Roger)

1-Mahomet. Vie du Prophète

Paris, L'Archipel, 2002,612p

2- Initiation à l'Islam. La foi et la pratique
Paris, Archipoche ,2006,218 p

CARAYOL (P)
« Les genres de vie indigènes dans l'Atlas de Blida », Revue Africaine, 1944, pp239-65

CARLIER (Omar)
« Le café maure : sociabilité masculine et effervescence citoyenne », in Collectif (S/D de Hélène Desmet-Grégoire et François Georgon) Cafés d'Orient revisités, Paris, CNRS ethnologie, Pp 177-205

CARRA DE VAUX
« Les penseurs de l'islam TI,II,III,IV ,V par H.Massé » (CR) Revue Africaine, 1923, pp363-6, 1924, pp186-7, 1924,pp549-51, 1927, pp 131-5

CAULIER (Brigitte)
L'eau et le sacré Les cultes thérapeutiques autour des fontaines en France du moyen âge à nos jours
Beauchesse, Presses de l'Université Laval,1990,172 p.

CAUVET (Commandant G.)
« Les marabouts, petits monuments funéraires et votifs de l'Afrique du Nord »,Revue Africaine, 1923, pp274-329 et pp448-522

CAZENAVE (Jean)
1-« Contribution à l'histoire du vieil Oran, Mémoire sur l'état et la valeur des Places d'Oran et de Mers-el-Kébir, par Don José Vallèjo . Traduction et annotation » , Revue Africaine, 1925, pp323-68

2-« Les gouverneurs d'Oran pendant l'occupation espagnole de cette ville (1505-1792) », Revue Africaine, 1930, pp257-99

3-« Un chroniqueur espagnol de l'Algérie au XVI° siècle (Diégo Suarez) », Revue Africaine, 1932, pp113-24

CAZENEUVE (Jean)
Sociologie du rite

Paris PUF1971,334p

CHAIB (Hammou)
« El Madih ed-dini et sa portée spirituelle au sein des confréries religieuses », Thurath (les cahiers du CRASC) n° 17, 2009 : Chants populaires (sous la direction de Hadj Miliani et Belkacem Boumedini), pp.49-56

CHAKER (S.)
1-« Amghar », in Encyclopédie Berbère, Tome IV, pp590-1
2-« Aman", (eau), in Encyclopédie Berbère, Tome IV,pp558-9

CHARCHAR (Abdelkader)
« Le sacré et la violence sioniste dans le roman du conflit Arabo-israélien », Insaniyat n° 11 (mai-août 2000), pp.85-94

CHARIF (Ghouti)
L'arbre de Tlemcen
Tlemcen, Imprimerie régionale Sari, 1993, 41p + (?)+ 38 p

CHARNAY (Jean-Paul)
1-Frustrations arabes. Entre thawra et géosociologie II
Beyrouth, Editions Al Bouraq,1993,364p.

2-La vie musulmane en Algérie d'après la jurisprudence de la première moitié du XX° siècle
Paris, Quadrige/PUF,1991,429 p
(préface de Jacques Berque, 2ième édition)

CHAUVET (Louis-Marie)
1-« Le « sacrifice » en christianisme.une notion d'ambiguë » in Le sacrifice dans les religions (sous la direction de Marcel Neusch),pp139-55.
2-« Le sacrifice comme échange symbolique » in Le sacrifice dans les religions (sous la direction de Marcel Neusch), pp277-304.

CHEHRIT (Kamal)
Les janissaires. Origines et histoire des milices turques des provinces ottomanes et tout spécialement celle d'Alger .
Alger, édition GAL, 2004, 221p
(recueil et sélections de textes et synthèses réalisés par Chehrit Kamal)

CHELHOD (Joseph)
Structure du sacré chez les arabes
Paris, Maisonneuve et Larose,1986,287p

CHELLIG (Nadia)
Jazya, princesse berbère.
Alger, CNRPAH-Chihab,1998,170 p

CHERIF –ZAHAR (Zerrouk)
La Roqya
Paris, Orientica, 2008,175 p

CHIRASSI –COLOMBO (Ileana)
« Le sacré dans l'espace politique :mythes d'origines, rites d'intégration » In (Collectif sous la direction de Julien Ries)Les civilisations méditerranéennes et le sacré. Turnhout(Belgique),Brepols,2004,pp211-28

COLIN (G.S.)
1-« Notes de dialectologie arabe.I. Une complainte arabe sur l'expédition française en Egypte par R.Basset » (CR),Revue Africaine, 1922, pp355-6

2-« Notes sur le parler arabe du Nord de la région de Taza par E.Lévi-Provençal » , Revue Africaine, 1922, pp356-8

COLLECTIF (sous la direction de Monique Segré)
Mythes, rites, symboles dans la société contemporaine
Paris, L'Harmattan,1997,314p

COLLECTIF
Sidi Lakhdar Ben Khelouf. Sa vie, ses qacidates
Oran, Dar El Gharb,2006,52p +256 p

COLLECTIF
Les janissaires. Origines et histoire des milices turques des provinces ottomanes et tout spécialement celle d'Alger
Textes sélectionnés et synthèses réalisés par Kamal Chehrit
Alger, Editions G.A.L.,2004,221 p

COLLECTIF

1-Histoire de l'Algérie. dès origines à l'indépendance
Oran, L. Fouque, sd,41p
(avec la collaboration d'inspecteurs primaires et instituteurs)

2-Géographie. L'Algérie dans le Maghreb
Oran, L.Fouque,sd,59p
(avec la collaboration d'inspecteurs primaires et instituteurs)

COLLECTIF

2000 ans d'Algérie
Paris, editions Séguier, 1998,p
(2 tomes)

COLLECTIF (S/D de Hélène Desmet-Grégoire et François Georgon)

Cafés d'Orient revisités
Paris, CNRS ethnologie, 1997, 228 p

COLLECTIF (sous la direction de Julien Ries)

1-L'homme indo-européen et le sacré
Aix en Provence, Edisud,1989,302p
(Volume II du Traité d'Anthropologie du sacré)

2-Les origines et le problème de l'homo religiosus
volume I(Traité d'anthropologie du sacré)
Aix en Provence, Edisud, (1992),358p

3-Les civilisations méditerranéennes et le sacré.
Turnhout(Belgique),Brepols,2004,374p

COLLECTIF (sous la direction de Frédéric Angleviel)

Religion et sacré en Océanie
Paris, L'harmattan,2000, 304 p

COLLECTIF (sous la direction de Marcel Détienne)

Transcrire les mythologies : traduction, écriture, historicité
Paris, Albin Michel, 1974, 273 p

COLONNA (Fanny)

Savants paysans.
Eléments d'histoire sociale sur l'Algérie rurale
Alger, OPU, 1987,353 p

COMBE (Et), SAUVAGET(J) . et WIET(G.)
« Répertoire chronologique d'épigraphie arabe par A.Bel »,Revue Africaine, 1932, pp123-5

COMBESSIE (Jean-Claude)
La méthode en sociologie
Alger, Casbah éditions,1998,123 p

COPANS (Jean)
L'enquête et ses méthodes. L'enquête ethnologique de terrain
Paris Armand Colin,2005, 137 p

COUR (A)
1-« Notes sur les chaires de langue arabe d'Alger, de Constantine et d'Oran (1832-1879) », Revue Africaine, 1924, pp20-64
2-« Recherches sur l'état des confréries religieuses musulmanes dans les communes de oum el bouzghi, Ain Beida, Sedrata , Souk Ahras, Morsott, Tebessa, , Meskiana, Khenchela en novembre 1914 », Revue Africaine,1921, pp 85-334

CUCHE (Denys)
La notion de culture dans les sciences sociales
Alger, Casbah Editions,1998,123 p

CUSSET (Pierre- Yves)
Le lien social
Paris ,Armand Colin, 2007,126 p

DADDY (Ali)
Le Coran contre l'intégrisme
Paris- Bruxelles, Castells et labor, 2000,175p

DAKHLIA (Jocelyne)
Islamicités
Paris, PUF, 2005, 161 p

DAOUD (Mohammed)
« Le merveilleux dans le roman algérien de langue arabe », Insaniyat n° 09 (Septembre- Décembre 1999), pp.73-84

DAUMAS (E.)
Mœurs et coutumes de l'Algérie
Introduction d'A. Djeghloul
Paris, Sindbad,1988,282 p

DAUMAS (François)
« L'expression du sacré dans la religion égyptienne », In (Collectif sous la direction de Julien Ries)Les civilisations méditerranéennes et le sacré. Turnhout(Belgique), Brepols,2004,pp95-113

DAVIET (Jean-Pierre)
« Le symbolique dans l'atelier des historiens », in Mythes,rites,symboles dans la société contemporaine (sous la direction de Monique Segré), pp287-311.

DAVID (Jean Claude)
« Le café à Alep au temps des ottomans : entre le souk et le quartier » In Collectif (S/D de Hélène Desmet-Grégoire et François Georgon) Cafés d'Orient revisités. Paris, CNRS ethnologie, Pp 113-126

DECROUX (Paul)
« Problèmes posés par la constitution de l'Etat Civil dans les milieux indigènes de l'Afrique du Nord », Revue Africaine, 1938, pp321-39

DEGUILHEM (Randi)
« Les cafés à Damas (XIX° - XX° siècles) », in Collectif (S/D de Hélène Desmet-Grégoire et François Georgon) Cafés d'Orient revisités. Paris, CNRS ethnologie, pp127-139

DEJEUX (Jean)
Djoh'a, hier et aujourd'hui
Sherbrooke, A.Naaman,1978,121 p

DELAHOUTRE (Michel)
1-« Le sacré et son expression esthétique :espace sacré, art sacré, monuments religieux » in collectif, (sous la direction de Julien Ries), Les origines et le problème de l'homo religiosus, volume I, pp121-41

2-« Sacré et esthétique dans l'art de l'Inde » In Collectif (sous la direction de julien Ries), L'homme indo-européen et le sacré. Aix en Provence,Edisud,1989, Volume II du Traité d'Anthropologie du sacré, pp85-107

DELTEIL (Joseph)
Le sacré corps
Paris , Grasset,1976 ,220p

DEMOULIN (F.), CHAMLA (M-C.)
« L'alimentation traditionnelle dans l'Aures avant la Seconde Guerre mondiale », in Encyclopédie Berbère ,Tome IV, pp 489-96

DENY (Jean)
Grammaire de la langue turque (dialecte Osmanli) par Henri Massé (CR)
in Revue Africaine, 1922, pp351-4

DERMENGHEM (Emile)
1-« Le mythe de psyché dans le Folklore nord-africain », Revue Africaine, 1945, pp41-81

2-« Contes Kabyles par A. Basset » (CR), Revue Africaine, 1946, pp224-5

3-« Tlemcen mystique. Saints et confréries Tlemcen et sa région », N° spécial de Richesses de France, 1er trimestre 1954, pp13-20pp53-7

DERMENGHEM (E) et BARBES (Léo Louis)
« Essai sur la hadhra des Aissaoua d'Algérie », Revue Africaine, 1951, pp289-90

DES FORTS (Jacqueline)
« Accouchement traditionnel et mortalité maternelle vécu et représentation : tentative d'approche de la situation algérienne », Insaniyat n° 04 (janvier-Avril 1998), pp35-46

DESMET –GREGOIRE (Hélène)
1-« Introduction » , in Collectif (S/D de Hélène Desmet-Grégoire et François Georgon), Cafés d'Orient revisités, Paris, CNRS ethnologie, pp13-23

2-« Conclusion », in Collectif (S/D de Hélène Desmet-Grégoire et François Georgon) Cafés d'Orient revisités. Paris, CNRS ethnologie, pp207-13

3-« Avant –propos », in Collectif (S/D de Hélène Desmet-Grégoire et François Georgon) Cafés d'Orient revisités, Paris, CNRS ethnologie, pp 9-11

DESPARMET (J)

1-« Ethnographie traditionnelle de la Mitidja. Le calendrier folklorique »,Revue Africaine, 1922, pp306-32, 1923, pp330-61, 1924, pp294-375, 1927, pp198-212 ;1928, pp436-457 ; 1933, pp421-48 ; 1934, pp64-104 et pp220-56 ; 1935, pp165-95 ; 1936, pp135-64 et 1937, pp 93- 107

2-« Les chansons de Geste de 1830 à 1914 dans la Mitidja », Revue Africaine, 1939, pp192-226

3-Arabe dialectal d'après la méthode directe. Première partie : Vocabulaire et lecture
Alger, A.Jourdan,1907, XII p +205 p
(2e édition)

4-Enseignement de l'Arabe Parlé d'après la méthode directe. Seconde période. Coutumes-Institutions-Croyances. 1er livre :L'enfance
Alger, Maison des Livres, 1958,190 p
(3e édition)

5-Coutumes, institutions, croyances des indigènes de l'Algérie. Traduction annotée par Henri Pérès et G.H. Bousquet
Tome I : l'enfance, le mariage et la famille
Alger, La Typo-Litho et J.Carbonel, 1939,320 p

DESSUS LAMARE (A)

« La « Anaza »,Revue Africaine, 1933, pp319-31

DEVERDUN (G.) et MESSAOUDI (Larbi)

Note sur la bibliothèque de la Medersa Ben Youssef » , Revue Africaine, 1938, pp873-76

DEVOULX (Albert)

Le Raïs Hamidou

Notice biographique sur le plus célèbre corsaire algérien du dix-huitième siècle de l'hégire
Présentation de Abderrahmane Rabahi
Alger, Editions Grand Alger Livres,2005,141 p

DHINA (A)

1-« Notes sur la phonétique et Morphologie du parler des 'Arba' », Revue Africaine, 1938, pp313-53

2-« Textes arabes du Sud-Algérois »,Revue Africaine, 1940, pp92-117

DHINA (Amar)

Manuel des débutants en Arabe Parlé
Alger,Baconnier,1958,107 p
(5e édition)

DHINA (Atallah)

1-Le royaume Abdelouadide à l'époque d'Abou Hamou Moussa 1er et d'Abou Tachfin 1er
Alger, OPU-ENAL, 1985,277 p

2- Les Etats de l'Occident musulman aux XIII°,XIV° et XV° siècles
Alger,OPU-SNED,1984,594 p

DIATKINE (Gilbert)

Violence, culture et psychanalyse
Alger, Editions SARP,2001,207 p

DIB (Omar)

« Les Amis du Livre ».
Fleuron du mouvement culturel algérien, suivi de : Le mardi 04 juin 1957 à Tlemcen, un forfait contre l'humanité
Oran, Dar El Gharb,2006,229 p

DIB (Mohammed Souheil)

Contes animaliers. Adaptés du patrimoine oral Algérien.
Illustrations de Brahim Naceri et Sofiane Mekki
Oran ,Editions Le Petit Lecteur,2006,105 p

DIB –MAROUF (Chafika)

1-Fonctions de la dot dans la cite algérienne; Le cas d'une ville moyenne: Tlemcen et son Hawz

Alger, OPU, 1984,387 p

2-« Rapports sociaux, rapports matrimoniaux et condition féminine en Algérie », Insaniyat n° 04 (janvier-Avril 1998), pp25-33

DINET (E.) et –BEN IBRAHIM (El Hadj Sliman)

1-La vie de Mohammed
Alger, La maison des Livres, 1989,295p

2-Le pèlerinage à la maison sacrée d'Allah
Alger , Librairie Société Algérienne, 1976,213 p
(Illustrations de Hadj Nasr Eddine Dinet)

3- Mohammed, Prophète d'Allah
Paris, Celiv,1990,239 p

DJEBBARI (Mohammed Benamar)

1-Un parcours rude, et bien rempli. Mémoires d'un enseignant de la vielle génération (Tome I)
Préface de Gilbert Granguillaume.
(?),1998, 280p
(à compte d'auteur)

2- Un parcours rude, et bien rempli. Mémoires d'un enseignant de la vielle génération
Préface de Djilali Sari
Oran, 2001, 280p
(à compte d'auteur)

DJEGHLOUL (Abdelkader)

1-Huit études sur l'Algérie
Alger, ENAL, 1986,205 p

2-Eléments d'histoire culturelle algérienne
Alger, ENAL, 1984,244 p

DONNADIEU (Gérard)

Les religions au risque des sciences humaines
Paris, éd. Parole et Silence, 2006, 287 p

DORAY (Mary-France)

« Rites familiaux et rentrée scolaire », in Mythes, rites, symboles dans la société contemporaine (sous la direction de Monique Segré) pp167-200.

DOUGLAS (Mary)
De la souillure. Essai sur les notions de pollution et de tabou
Paris, La Découverte, 2005,206 p

DRESCH (J)
« Les caractères généraux de la vie pastorale dans le massif central du Grand Atlas », Revue Africaine, 1938, pp493-7

DRIOTON (E) et SOTTAS (H)
« Introduction à l'étude des Hiéroglyphes par A.Basset » (CR), Revue Africaine, 1923, pp362-3

DUNETON (Claude)
La puce à l'oreille
Anthologie des expressions populaires avec leur origine
Parus, Stock,1978,413 p

DUPRONT (Alphonse)
Au sacré, croisades et pèlerinages, Images et langages
Paris Gallimard, 1987,541p

DURAND(Gilbert)
1-Les structures anthropologiques de l'imaginaire.
Paris, Dunod,1992, 536 p
(11° édition)

2-« L'homme religieux et ses symboles », in collectif(sous la direction de Julien Ries), Les origines et le problème de l'homo religiosus volume I, (Traité d'anthropologie du sacré), Aix en Provence,Edisud, (1992),pp73-119

DURKHEIM (Emile)
1-Les règles de la méthode sociologique
Précédées de –Les règles de la méthode sociologique où l'instauration du raisonnement expérimental en sociologie- par Jean-Michel Berthelot.
Paris, Flammarion, 1988, 254 p

2-Les Formes élémentaires de la vie religieuse
Présenté par Michel Maffesoli
Paris, CNRS éd.,2008,638 p

DUVIGNAUD (Jean)
Fêtes et civilisation . Suivi de la fête aujourd'hui
(Essai)
Arles, Actes Sud, 1979,258p

EBERHARDT (Isabelle)
Amours nomades. Nouvelles choisies
Texte établi par Marie-Odile Delacour et Jean-René Huleu
Edition présentée et annotée par Martine Reid
Paris , Gallimard, 2008,138 p

EHRLICH (Carl S.)
Comprendre les religions Judaïsme
Paris, Grund, 2004,107p

EISENBETH (Maurice)
« Les juifs de l'Afrique du Nord. Démographie et Onomastique par R.Lespès » (CR) ,Revue Africaine, 1937, pp360-2

EL BEKRI l (Abou-Obeïd)
Description de l'Afrique septentrionale
Traduction de Mac Guckin De Slane
Paris, A.Maisonneuve, 1965,405p +212 p
Edition revue et corrigée

EL FASSI (Mohammed)
Chants anciens des femmes de Fès
Paris, Seghers,1967,119p

EL GHAZALI (Mohamed)
Ces français qui ont choisi la voie d'Allah
(traduction de Dalila (Ouitis- Mouloudi)
Alger, El Maarifa,2005,138 p

EL HASSAR (Benali)
Tlemcen. Cité des grands maîtres de la musique arabo-andalouse
Alger, Editions Dalimen,2002,163 p
(Préface de Mahmoud-Agha Bouayed)

ELIADE (Mircéa)
1-Le sacré et le profane
Paris, Gallimard, 2007, 185p

2-Mythes, rêves et mystères
Paris, Gallimard, 2005,279 p

3-Initiation, rites, sociétés secrètes
Paris, Gallimard, 2004,283 p

4-Aspects du mythe
Paris, Gallimard, 2005,251 p

ELIMAM (Abdou)
Le Maghribi
Alias « ed-darija »
(La langue consensuelle du Maghreb)
Oran, Dar El Gharb,2003,237 p

EL KENZ (Ali)
« Les sciences humaines et sociales(SHS) dans les pays arabes de la Méditerranée », Insaniyat n° 27 (Janvier-Mars 2005), pp.19-28

EL MEDJDOUB (A, Le derwiche)
Adages et Maximes
Textes recueillis par Rouaï Amina
Préface de Haldaoui Mamoune
Oran, Dar El Gharb,2001,124 p

EL WAHED (Cheikh Yahia , alias René Guénon)
Le soufisme. Aperçu sur l'ésotérisme islamique
Alger, Ed.âge d'or, 2004,125 p

EN- NAWAWI
Les quarantes h'adiths
Texte arabe et traduction par G-H . Bousquet
Alger, La Maison des Livres,1954,85 p

ERNOULD (Roland)
Claude Seignolle. Du sacré à l'étrange
Paris, L'Harmattan,2005,463 p

FACCHINI (Fiorenzo)

« L'émergence de l'homo religiosus. Paléoanthropologie et Paléolithique », in collectif (sous la direction de Julien Ries), Les origines et le problème de l'homo religiosus volume I, (Traité d'anthropologie du sacré), Aix en Provence,Edisud, 1992, pp145-76

FADH (Toufic)

La divination arabe

Etudes religieuses, sociologiques et folkloriques sur le milieu natif de l'Islam

Paris, Sindbad,1987,563 p

FAIK –NZUJI MADIVA (Clémentine)

« L'homo religiosus et ses symboles », in collectif(sous la direction de Julien Ries), Les origines et le problème de l'homo religiosus volume I (Traité d'anthropologie du sacré) Aix en Provence, Edisud, 1992, pp281-305

FALIGUERHO (Anne-Marie)

Artisanat et société en Afrique noire

Illustration Serge Ridard

(France), Ouest-France,1986,31 p

FATMI (Sâad –eddine)

« Médecine traditionnelle et croyances populaires : le cas de la guérisseuse Kabbouche Louiza « , Thurath (les cahiers du CRASC) n° 10, 2005 : Représentations sociales (sous la direction de Hadj Miliani)pp43-50

FAYNER (Elsa)

Violences, féminin pluriel

Les violences envers les femmes dans le monde contemporain

Paris, Librio, 2006, 93 p

FELLOUS (Michèle)

Nouveaux rites de passage et cycle de vie », in Mythes,rites,symboles dans la société contemporaine (sous la direction de Monique Segré), pp201-18.

FERAUD (M) et TRUILLOT (A)

« Les bains de Seleucus », Revue Africaine, 1937, pp455-74

FERRAROTTI (Franco)

Le retour du sacré. Vers une foi sans dogmes
Paris, Meridiens Klincksieck, 1993,253 p
(traduction française révisée par brigitte Fourastie et Philippe Joron)

FERREOL (Gilles)
1-Vocabulaire de la sociologie
Paris, PUF,1997, 127 p
(Que sais-je ?)

2-« Mondialisation et dynamiques culturelles » Insaniyat n° 22 (Octobre-Décembre 2003) pp.139-157

FEUILLEBOIS –PIERUNEK (Eve)
« La maitrise du corps d'après les manuels de soufisme (X°-XIV° siècles) », Revue des mondes musulmans et de la Méditerranée N° double 113-114, sous la direction de Cathérine Mayeur-Jaouen et Bernard Heyberger) année 2006 « Le corps et le sacré en Orient musulman » ,pp91-107

FORTIE (Corinne)
La mort vivante ou le corps intercesseur (société maure-islam makékite) In Revue des mondes musulmans et de la Méditerranée N° double 113-114, sous la direction de Cathérine Mayeur-Jaouen et Bernard Heyberger) année 2006 « Le corps et le sacré en Orient musulman » ,pp229-45

FRAZER (J.G.)
« Les origines de la famille et du clan par L.Gernet » (CR), Revue Africaine, 1924, pp183-4

FREUD (Sigmund)
Totem et tabou
(traduction de l'Allemand par Samuel Jankélévitch)
Paris, Payot et Rivages, 2008,226p

FROESCHLE-CHOPARD (Marie-Hélène)
Espace et sacré en Provence (XVI°-XX° siècle).Cultes, Images, Confréries
Paris, Les éditions du Cerf, 1994,605p

FUGIER(Huguette)
Recherches sur l'expression du sacré dans la langue latine publication de la Faculté des Lettres

Paris, 1963,470p
(Thèse principale présentée à la faculté de Paris)

GAID (Mouloud)
1-Chronique des beys de Constantine
Alger, OPU, sd,160 p

2-Aguellids et romains en Berbérie
Alger, OPU-ENAL,1985,149 p

3-L'Algérie sous les turcs
Alger, éditions Mimouni,1991,239 p
(2e éditions)

GANIAGE (Jean)
Histoire contemporaine du Maghreb de 1830 à nos jours
Paris,Fayard, 1994,822 p

GAST (M.)
« Amghar dans le monde Touareg », in Encyclopédie Berbère, Tome IV, pp591-2

GAUDEFROY –DEMOMBYNES
1-« Les cérémonies du mariage chez les indigènes de l'Algérie » , Revue Africaine, 1901, pp94-5 et coquillage

GAUDEFROY –DEMOMBYNE (M) et ZENAGUI (Abdelaziz)
« Récit en dialecte tlemcenien », Journal Asiatique, juillet –Aout 1904, pp45 - 117

GAUDRY (Mathéa)
La femme chaouia de l'Aurès.
Etude de sociologie berbère
Préface de tassadit Yacine
Alger-Paris, Chihab-Awal, 1998,301 p

GEORGEON (François)
Les cafés à Istanbul à la fin de l'empire ottoman », in Collectif (S/D de Hélène Desmet-Grégoire et François Georgon) Cafés d'Orient revisités. Paris, CNRS ethnologie, pp 39-78

GENETTE (Gérard)
Seuils

Paris, Le Seuil, 2007,428 p

GHENIMI (Abdelouafi)
« Aperçu Sur le traitement automatique de la langue et tradition » , Cahiers de linguistique et didactique, n° 1-2 (nouvelle série), GRDLD,pp132-140 , Oran, 2002(Travaux de groupe de recherche en Linguistique, Dynamique du Langage et Didactique sous la direction de Farouk Bouhadiba) (Editions Dar El Gharb, Oran)

GIMBUTAS (Marija)
« L'homo religiosus balte et sa rencontre avec le sacré »,in Collectif (sous la direction de julien Ries), L'homme indo-européen et le sacré. Aix en Provence,Edisud,1989, Volume II du Traité d'Anthropologie du sacré, pp239-73

GINZBURG (Natalia)
Les mots de la tribu
Paris Grasset, Les Cahiers Rouges, 1966,258p

GIRARD (René)
1-La violence et le sacré
Paris, Hachette, 2002,486 p

2-Le bouc émissaire
Paris, Grasset, 2006,314 p

GOFFMAN (Erwing)
Les rites d'interaction,
Paris, Editions de Minuit,1974(1993),230p

GOBERT (E.G.)
« Le pudendum magique et le problème des cauris », Revue Africaine ,1951, pp5-62

GODON (Robert)
« Les formes du batik dans l'Aurès », Revue Africaine, 1944, pp116-22

GOLDZIHER (L.)
« Le Dogme et la loi de l'islam »(CR), Revue Africaine, 1921, pp397 et ss

GRAF (Mlle)

« L'intérieur de la maison arabe à Constantine », Revue Africaine, 1937, pp519-30

GRAF DE LA SALLE (Mme)
« Contribution à l'étude du Folklore tunisien », in Revue Africaine, 1944et 1946, pp67-82 et pp99-117

GRANDCHAMP (Pierre)
1-« Le baisemain des consuls à la cour des beys de Tunis. Notes et document » , Revue Africaine, 1945, pp291-2

2-La suppression du bain – main des consuls à la cours du bey de Tunis », Revue Africaine, 1921, pp335-9

GRAND-GUILLAUME (Gilbert)
Nédroma. L'évolution d'une Médina
Leiden, E.J ?Brill, 1976,195 p

GRANDIDIER (M.G.)
« A Madagascar : Anciennes croyances et coutumes », in journal de la société africaniste Tome II Paris,1932, pp153-207

GRIL (Denis)
« Le corps du prophète In Revue des mondes musulmans et de la Méditerranée », in N° double 113-114, sous la direction de Cathérine Mayeur-Jaouen et Bernard Heyberger) année2006 , « Le corps et le sacré en Orient musulman » ,pp37-57

GRIMAUD (Jean)
Monographie de la Commune de Pont-de- L'Isser
Oran,L.Fouque,1929,255p

GRIMM

Contes
Paris, Gallimard,1990,215 p

GUAY (Francis)
« Le mariage d'un fils de famille à Fès » , Revue Africaine, 1938, pp789-803

GUELLA (Noureddine)
« Aspects temps grammaticaux en arabe algérien »

Revue des Langues , n° 7, juin 1987 , pp 1- 17 , université d'Oran (ILE)

GUENAOU (Mustapha)

1- Le caftan : éléments d'origine, d'histoire et de la fonction du costume traditionnel(Nassira Bekkouche et Mustapha Guenaou) in Journal of Ethnographie and Folklore, 2021, n°1 -2, pp.181-194

2- «Le mausolée, un espace de la compétition du sacré et du profane. In Revue de l'Anthropologie des religions, n° 24, année 2019, pp.3-21

3- La tah-taha à Tlemcen et Ain El Hûts (Algérie). « Espace public et lieu d'éducation ludique ». In Dafatsir , n°11, février 2018, pp.5- 21 (De la question de l'éducation en Algérie à l'ombre des défis actuels.)

4- Le hammam et la culture de la purification chez les femmes de la medina et de son hawz : le cas des rituels festifs familiaux à Tlemcen et Ain el Hûts.
In Studium (Saragoza , Espagne) , 2018, n° 24 , pp.145-170

5- Tsashwisha, un rituel festif féminin dans le hawz de Tlemcen (Algérie).Souvenirs rapportés par un « trésor humain vivant . Saint Denis, Edilivre, 2017,256 p

6- Société et jeunes couples à Tlemcen et son hawz : entre prescription et proscription alimentaires. In Studium, n° 22, 2016,pp.209-223

7- Patrimoine Culturel Immatériel de Divertissement au Maghreb
Saint Denis, Edilivre, 2016,152 p

8- Témoins d'histoire et de mémoire :le patrimoine culturel immatériel féminin au Maghreb. El Hawfi , les romances féminines du hawz de Tlemcen Saint Denis, Edilivre, 2016,210 p

10-Le hawfi, les romances féminines de Tlemcen : langue, richesse et trésors caché In Le dictionnaire encyclopédiques et les nouvelles technologies, CRASC, DGRSDT,(S/direction Kheira Merine) 2015, pp129-152

11- « Rituels festifs de passage à Tlemcen, ancienne capitale du Maghreb central : une notion et un concept socio anthropologique pour un nouveau paradigme »In Références, revue de la Faculté des Sciences

Humaines et Sociales, Université Abderahmane Mira, Bejaïa, n° 01, 2° semestre 2013, pp.90-118

12 -« Saints, savants et personnalités : trois lots et trois symboles pour l'histoire et la mémoire locale » In Revue des Sciences Sociales et Humaines, n°11- juin 2013, Université Kasdi Merbah, Ouargla , pp.13-24

13- « la zenqa, espace entre le derb et l'extra hawma . Le cas de la médina de Tlemcen »In Les espaces publics au Maghreb. Sous la direction de Hassan Remaoun et Abdelhamid Henia. Oran , CRASC – Oran et Dirasset Magharibiya- Tunis, Octobre 2013. pp.167-186

14- « Anthropologie et symbolisme de la conception de l'enfant au Maghreb. L'exemple de la médina et du hawz de Tlemcen (Algérie) » In Gabriale- Mariane Lucas & Jérôme Thomas, "Parent's Bodies, Children's Bodies. From Conception to First Educations", pp.119-142, Timisoara (Roumanie), 2013, 327 p

15-« Les mots et les choses de la maison arabo musulmane:Approche diachronique» , in ANALELE UNIVERSITATII. FASCICULA XXIV ,An IV,Nr 1 (5) LEXIC COMUN – LEXIC SPECIALIZAT :NEOLOGIE ŞI POLITICI LINGVISTICE . Lexique commun- lexique spécialisé. Description et histoire dans l'étude du lexique.Galati(Roumanie),Editura Europlus, 2011, pp221-228

16-« Le retour vers l'enfance. La maison traditionnelle, un lieu d'histoire et de mémoire. Le cas de Dar Sbitar (Tlemcen, Algérie) dans la grande maison de Mohammed Dib »(in « Retours vers les enfances méditerranéennes », Textes réunis par Isabelle Dibois avec le concours de Françoise Haffner, Collection Etudes , Presses Universitaires de Perpignan,2011,303 p) pp191 - 205

17- « culture et famille à Tlemcen. L'usage d'un vocabulaire particulier aux relations familiales et à la parentèle »
(Actes du 4ième colloque national de sociologie. intitulé : « Le lien social en question : Qu'en savons-nous en Algérie ? Lien social dans l'histoire algérienne. Liens familiaux dans la tradition et l'actualité algériennes », département de sociologie, Université d'Alger, Alger, 6-7 novembre 2006) , Alger, Publication de la Faculté des Sciences Humaines et Sociales de l'Université d'Alger, 2009,. pp.57-70.

GUETTAT (Mahmoud)
La musique classique du Maghreb

Paris, Sindbad,1980,398 p

GUIGA (Abderrahman) et MARCAIS (William)
« Textes arabes de Takrouna, traduction annotée, glossaire par A.Bel » (CR), Revue Africaine, 1926, pp212-8

GUINET (V.)
« Sur une série d'objet en os ouvragé de la région de Sétif », Revue Africaine, 1938, pp188-9

GUITTET (André)
L'entretien. Techniques et pratiques
Paris, Arnaud Colin,2008, 219 p (7ième édition)

HACHELAF (Mohamed El habib)
El Haoufi . Chants de femmes d'Algérie
Alger,éditions Alpha,2006,373p

HADDADOU (Mohand Akli)
1-Le rêve et son interprétation dans l'Islam
Alger, ENAL,1994, 201 p

2-L' Alphabet berbère. Des écritures libyques aux transcriptions modernes
Alger, Azur éditions,2004,106 p

3- Guide de la culture et de la langue berbère
Alger, ENAL-ENAP,sd,323 p

HADIBI (Mohand Akli)
Wedris, une totale plénitude.
Approche socio-anthropologique d'un lieu saint en kabylie
Alger, ditions Zyriab,2002,319 p

HADJ –SADOK (Mahammed)
1-Milyana et son patron (waliyy) Sayyid-î Ahmad b.Yûsuf (Monographie d'une ville moyenne d'Algérie)
Alger, OPU,1989, 152p+158p

2- al-idrissi.
Le magrib au 12° siècle de l'hégire (6° siècle après J-C.)
Texte établi et traduit en français d'après nuzhat al-mustaq
Alger, OPU, 1983,187 p +219 p

HAFIZ (Nadia)
« Les chansons de la Casbah », Thurath (les cahiers du CRASC) n° 15, 2006 : Le melhoun : textes et documents (sous la direction de Ahmed Amine Dellaï,) Pp155-61

HAJA (Fdal)
La vie des sahâbiyât au temps du Prophète
Paris, Editions Universel, 2005,128 p
(Traduction du Dr Hebri B.)

HALBWACHS(Maurice)
La mémoire collective.
Paris,PUF,1968,204p

HAMIDOU (Abdelhamid)
1-« Aperçu sur la poésie vulgaire de Tlemcen. Les deux poètes populaires de Tlemcen : Ibn Amsaïb et Ibn Triki », Revue Africaine, 1936, pp1007-46
2-« Devinettes populaires de Tlemcen » Revue Africaine, 1937, pp 357-72

HAMIDULLAH (Muhammed, Dr)
Initiation à l'Islam
Alger, 1981,311p
(Réédité par la Mosquée des Etudiants de l'Université d'Alger)

HANIFI (Louisa)
La dissolution du lien conjugal du vivant des époux. Ses causes et ses effets à travers la jurisprudence algérienne
Perpignan-Toulouse, Presses Universitaires de Perpignan et Presses de l'Université des Sciences Sociales de Toulouse, 2008,358 p

HANOTEAU (Général Maurice)
« Quelques souvenirs sur les collaborateurs de « Kabylie et les coutumes kabyles », Revue Africaine, 1923, pp134-49

HANOTEAU (A) et LETOURNEUX (A.)
1-Les coutumes kabyles
Alger, Berti Editions, sd, 272 p
(Nouvelle édition)

2- « Alimentation en Kabylie au XIX° siècle », in Encyclopédie Berbère, Tome IV, pp484-6 (extrait de La Kabylie et les coutumes kabyles)

HARDY (Georges)

1-« Une enquête marocaine sur les niveaux de vie indigènes », Revue Africaine, 1934, pp125-44

2-« Pour une étude sur la mimique », Revue Africaine, 1936, pp143-50

3-« Les Prédilections du calendrier dans le Folklore européen d'Alger », Revue Africaine, 1936, pp783-9

4-« Note sur la signification psychologique du costume », Revue Africaine, 1937, pp743-58

HERBER (J.)

1-« Les tatouages Nord-Africains sont –ils bleus ou verts ? » ,Revue Africaine, 1931, pp66-77

2-« La polarité religieuse, sociale et magique dans l'Afrique du Nord », Revue Africaine, 1938, pp158-72

3-« L'origine du décor des tatouages marocains », Revue Africaine, 1938, pp763-82

4-« Le tatouage du dos au Maroc », Revue Africaine, 1947, pp118-22

HERTZ (Herbert)

La graphologie
Paris, PUF,1962,124 p
(QSJ)

HEYBERGER (Bernard)

« Les transformations du jeûne chez les chrétiens d'Orient », Revue des mondes musulmans et de la Méditerranée N° double 113-114, sous la direction de Cathérine Mayeur-Jaouen et Bernard Heyberger) année 2006 « Le corps et le sacré en Orient musulman » ,pp267-85

HOFFHERR (René)

1-« Méthodes d'appréciation des Niveaux de vie indigènes au Maroc », Revue Africaine, 1935, pp29-37

2- « Les aspects juridiques essentiels des questions posées par les pratiques coutumières indigènes d'extraction de substances minérales au Maroc », Revue Africaine, 1937, pp185-96

HOUDAS(O.)

Ethnographie de l'Algérie
Paris, Maisonneuve Frères et Ch. Leclerc, Editeurs,1886,124p

HOUOT (Sandra)

« Ethique du corps et enjeux contemporains du sacré dans la réflexion du cheikh Sa'îd Ramadân al-Bûtî » Revue des mondes musulmans et de la Méditerranée N° double 113-114, sous la direction de Cathérine Mayeur-Jaouen et Bernard Heyberger) année 2006 « Le corps et le sacré en Orient musulman » ,pp327-42

HUNKE (Sigrid)

Le soleil d'Allah brille sur l'Occident. Notre héritage arabe
Traduit de l'Allemand par Solange et Georges de Lalène
Paris, éditions Albin Michel, 1972,404 p

IBN ABI ZAYD AL QAYRAWANI (Aboû Mu'ammed Abdellâh)

La Risâla ou l'Epître sur les éléments du dogme et de la loi de l'Islâm selon le rite mâlikite.
Traduction française avec un avant-propos des notes et trois index par Léon Bercher
Alger, Editions Populaires de l'Armée, 1983,371 p

IBN 'ARBI (Muhyi-d-din)

1-Le Traité de l'Unité
Suivi de l'Epitre sur le Prophète :Al- Malamatiyah
Traductions d'Abdul-hâdi.
Paris, Editions de l'Echelle, 1977,76 p

2-La Sagesse des Prophètes.
Fuçuç Al-Hikam. Traduction et notes par Titus Burkhardt et préface Jean Herbert
Paris, Albin Michel,2008,242 p

IBN HAYYAN (Jâbir)

Dix Traités d'alchimie. Les dix premiers Traités du Livre des Soixante-dix
Traduits de l'arabe et présentés par Pierre Lory
Paris, Sindbad,1983,318 p

IBN KHALDOUN (Abderahmane)

1-Histoire des berbères et des dynasties musulmanes de l'Afrique septentrionale
Traduite de l'arabe par Le Baron De Slane. Nouvelle édition publiée sous la direction de Paul Casanova et suivie d'une bibliographie d'Ibn Khaldoun
Paris, Librairie orientale, 1982
(4 tomes)

2- Peuples et nations du monde.
La conception de l'histoire. Les Arabes du Machreq et leurs contemporains.
Les Arabes du Maghrib et les berbères.
Extraits des 'Ibar traduits de l'arabe et présenté par Abdesselam Cheddadi.
Paris, Sindbad,1986
(2 volumes)

IBN KHURRADADHBIH , IBN AL FAQIH AL HAMADHANI ET IBN RUSTIH

Description du Maghreb et de l'Europe au III°=IX° siècle
Extrait du « Kitâb al-Masâlik wa'l-Mamâlik », du « Kitâb al-Buldân » et du « Kitâb al-A'lâq an-nafîsa »
Texte arabe et traduction française avec un Avant-propos, des notes et deux index de Hadj-Sadok Mahammed
Alger, Editions Carbonel, 1949,133 p

IBN MERIEM

El Bûstan ou jardins des biographies des saints et savants de Tlemcen.Texte édité par Mûhammed Ben Sheneb Alger, Fontana,1908, traduction F..Provenzali,
Alger, Fontana,1910 . Les Editions Ibn Khaldoun (Tlemcen) l'a réédité.

IBN NASIR AL SA'DI (Abdul Rahmân)
Les récits des Prophètes
Traduction de Mas'ûd bûjanun
Beyrouth, Editions Ibn Hazm,2004,198 p

IBN RUSHD
La separation entre époux dans l'Islam; cas, formules et procedures. (Extrait de la Bidaya)
Traduction d'Ahmed Laïmèche
Beyrouth,Dar El Kotb al –Ilmyah, 2001, 166 p

IFRAH (Georges)
Histoire universelle des chiffres.
L'intelligence des hommes racontée par les nombres et le calcul.
Paris, Robert Laffont,1994
(2 tomes)

ISNARD (H)
« Caractère récent du peuplement indigène du Sahel d'Alger », Revue Africaine, 1936, pp203-6

JAROSZ(Lucette)
Vieillesse et vieillissement en Algérie
Alger, OPU, 1983,380 p

JAMET(Christian)
Botticelli. Le sacré et le profane
(textes et images)
Paris, Editions Hersher, 1996,87p

JAMOUS(Haroun)
« Les jeunes filles au foulard » in Mythes,rites,symboles dans la société contemporaine (sous la direction de Monique Segré) ,pp271-85.

JANIER (Emile)
1-« Note sur un e inscription arabe de 1846, trouvé dans le mur du Méchouar à Tlemcen », Revue Africaine, 1943, pp269-72

2-« Les Bettiwa de Saint-Leu », Revue Africaine, 1945, pp 236-80

3-« Trouvaille archéologique au Méchouar de Tlemcen. Notes et documents. », Revue Africaine, 1946, pp208-10

4- Nemours et sa Région
Oran, L. Fouque ,1950, 42 p

5-« Regards sur le passé Tlemcen et sa région », N° spécial de Richesses de France, 1er trimestre 1954,pp23-30

6-« La légende du sultan noir , son substrat historique »,Forge n° 4 , Alger , 1947

7- « Le village d'Ain El Houtz in Belletin de la Société « Les amis du Vieux de Tlemcen », année 1956, pp.66-72

JARGY (Simon)
La musique arabe
Paris, PUF, 1977,127 p
(2e édition)

JEFFREY (Denis)
Jouissance du sacré. Religion et postmodernité
Paris, Armand Colin,1998, 162 p

JOHANNOT (Yvonne)
« Qu'en est-il des rituels autour du livre », in Mythes,rites,symboles dans la société contemporaine (sous la direction de Monique Segré) , pp237-57.

JOLEAUD (L.)
1-« Animaux Totems nord-africains », Revue Africaine, 1933, pp325-48

2-« Remarques paléo-ethnologiques sur l'homme de Mechta-el-Arbi (Constantine) » , Revue Africaine, 1937, pp 669-80

JOUIN (Jeanne)
« Documents sur le costume des Musulmans d'Espagne », Revue Africaine, 1934, pp43-6

JULIEN (Charles André)
1-L'Afrique du Nord en marche . Algérie-Tunisie-Maroc 1880-1952
(France), Emnibus,2002,499 p

2-Histoire de l'Algérie contemporaine

T.II De l'insurrection de 1871 au déclenchement de la guerre de libération nationale (1954)
Paris, PUF, 1979, 643p

3- Les Algériens musulmans et la France 1871-1919
(2 tomes)
Paris, PUF, 1968,

KEDDAR (Khadidja)
« Influences sociales du quartier sur le développement de l'enfant », Insaniyat n° 41 (Juillet- Septembre 2008),pp.13-26

KANAFANI –ZAHAR
« Le Carême et le Ramadhan :recréer le corps. Un cas libanais », Revue des mondes musulmans et de la Méditerranée N° double 113-114, sous la direction de Cathérine Mayeur-Jaouen et Bernard Heyberger) année 2006 « Le corps et le sacré en Orient musulman » ,pp287-300

KHAZNADAR (Sélim.S.)
« Existe -t-il une théologie musulmane ? », Insaniyat n° 11 (Mai-Août 2000), pp.35-42

KHEDDOUCI (Rabah)
Encyclopédie des Proverbes Algériens
(traduction de Mustapha Ferhat)
Alger, Dar-el-Hadhara,2002,197 p

KIOUANE (Abderrahmane)
Moments du mouvement national. Textes et positions
Alger, E. Dahlab, 1999,349 p

KRAEMER (Gilles)
La presse francophone en Méditerranée
Paris, Maisonneuve et Larose, Servidit, 2001,275p

KUNTZ (Marthe)
« Les rites occultes et la sorcellerie sur le haut-Zambèse », in journal de la société africaniste Tome II Paris,1932, pp123-38

LACHERAF (Mostefa)
Des noms et des lieux.
Mémoires d'une Algérie oubliée.
Souvenirs d'enfance et de jeunesse
Alger, Casbah Edition, 1998,335 p

LACOSTE-DUJARDIN (Camille)
Le conte kabyle. Etude ethnologique
Alger, Bouchène,1991,534 p

LA FONTAINE (de, Jean)
Fables
Sd, Se,Sl,383 p

L'AFRICAIN (Jean-Léon)
Description de l'Afrique
Nouvelle édition traduite de l'italien par A.Epaulard
Paris, Librairie d'Amérique et d'Orient- A. Maisonneuve, 1981
(2 tomes)

LAGERWEY (John)
« Le sacrifice taoïste » in Le sacrifice dans les religions (sous la direction de Marcel Neusch), pp249-73.

LAKHDAR (Si Mohammed)
1-« Les étapes du Pèlerin de Sidjelmassa à la Mekke et Médine », Revue Africaine, 1938, pp671-88

2-Le « Bréviaire de la Fiancée », Revue Africaine, 1938, pp783-90

LALLAOUI (Ahmed)
« Approche critique du bilinguisme », Revue des Langues, n° 7, juin 1987, pp 132- 146 , université d'Oran (ILE).

LALEYE (I.P.)
« Mythe et rite dans l'expérience religieuse africaine » in (collectif, sous la direction de Julien Ries) Les origines et le problème de l'homo religiosus volume Ipp307-29(Traité d'anthropologie du sacré) Aix en Provence,Edisud, (1992),358p

LAMINE (Ahmed)

« La légende du Prophète Haleb ibn Sunân par le poète Benyûsef », Thurath (les cahiers du CRASC) n° 15, 2006 : Le melhoun : textes et documents (sous la direction de Ahmed Amine Dellaï)Pp 93-105

LAMMENS (P.H.)

« L'Islam, Croyances et institutions par H.Massé » (CR), Revue Africaine, 1928, pp316-7

LANGE (D.)et MAUNY (R.)

« Alun » , in Encyclopédie Berbère, Tome IV, pp552-4

LANLY (A)

Le français d'Afrique du Nord. Etude linguistique
Paris-Montréal, Bordas, 1970,367p

LANTZ (Pierre)

« Symbolisme individuel (singulier), symbolisme collectif », in Mythes,rites,symboles dans la société contemporaine (sous la direction de Monique Segré), pp259-70.

LAOUST (E.)

Mots et choses berbères. Notes de linguistique et d'ethnographie. Dialectes du Maroc
Paris, A.Challamel, 1920
(4 tomes)

LAPLANTINE (François)

La description ethnographique
Paris, Nathan, 1996, 128 p

LARNAUDE (Marcel)

« Une enquête de géographie humaine en Algérie », Revue Africaine, 1935, pp421-4

LAZAR (Judith)

La science de la Communication
Alger, Edition Dahlab,1992,125 p

LEBON (Gustave, Dr)

Les influences de la civilisation en Occident
(Alger) , Ed. Age d'or,2004,141 p

LEBRUN (René)
« La religiosité et le sacré dans l'Anatolie ancienne et les cultes asiatiques », in (Collectif sous la direction de Julien Ries)Les civilisations méditerranéennes et le sacré. Turnhout(Belgique),Brepols,2004,pp31-48

LECERF (Jean)
« L'arabe contemporain comme langue de civilisation », Revue Africaine, 1933, pp269-95

LECOCQ (André)
1-« L'occupation de Tlemcen en 1836 », Revue Africaine, 1936, pp645-63

2-« Note sur les Sources de l'histoire de la Colonisation à Tlemcen (1842-1851) », Revue Africaine, 1938, pp689-709

LE CŒUR (Charles)
« L'enseignement de la sociologie marocaine »,Revue Africaine, 1936, pp167-93

LE DÛ (R.)
« Les tombeaux ronds du Djebel Mistiri », Revue Africaine, 1938, pp567-87

LEGER (Ad)
« Contribution à l'étude de la langue Bamiléké », in journal de la société africaniste Tome II Paris,1932, pp209-27

LEHURAUX (Ct) et MEYNIER (Général O.)
« La guerre sainte des Senoussya dans l'Afrique Française (1915-1918) » , Revue Africaine, 1939, pp323-57

LESCHI (Louis)
« Recherches épigraphiques dans le pays des Nemenchas (Commune de Tébessa) », Revue Africaine, 1931, pp262-93

LESPES (René)
1-« L'origine du nom français d'Alger traduisant « El Djazaïr », Revue Africaine, 1926, pp80-4

2-« Deux sources de la géographie urbaine particulièrement en Algérie », Revue Africaine, 1937, pp713-22

LEVY –STRAUSS (Claude)

1-Anthropologie structurale
Paris, Plon, 1974,478 p

2-Anthropologie structurale deux
Paris, Plon, 2006,446 p

LINGS (Martin)

Un saint soufi du XX° siècle. Le cheikh Ahmed al-'Alawi. Héritage et testament spirituels
Paris, Le Seuil, 1990, 281 p

LLABADOR (Francis)

1-Les richesses hydrominérales de l'Ouest algérien :
I- « Hammam Bou Ghrara (près de Lalla Maghnia) », Revue Africaine, 1936, pp313-31

II- « Hammam Sidi Chîger (près de Lalla Maghnia) », Revue Africaine, 1937, pp319-36

III- « Hammam Sidi Bel Kheir (près de Lalla Maghnia) , Revue Africaine, 1939, pp279-94

2-« Recherches d'archéologie musulmane. Les ruines de Taount, bourgade berbère du Maghreb central » , Revue Africaine, 1944, pp181-201

3-« Nemours (Djemâa Ghazaouât). Monographie illustrée par M. Emerit » (CR), Revue Africaine, 1948, pp199-201

LOGEARD (F.)

1-« Les tombeaux berbères de Sila », Revue Africaine, 1935, pp207-13

2-« Nouvelles inscriptions libyques de la Commune mixte d'Ain-M'lila » , Revue Africaine, 1936, pp441-52

3-« Inventaire des inscriptions libyques, puniques et latines de la commune mixte d'Ain-M'lila », Revue Africaine, 1937, pp431-5

4-« Les épitaphes funéraires chrétiennes du Djebel Nif-en-Nser », Revue Africaine, 1940, pp5-29

LUCAS (Philippe) et VATIN (Jean-Claude)
L'Algérie des anthropologues. Textes à l'appui
Paris, François Maspero,1975,294 p

LUCCIONI (J.)
« Les habous dans l'économie marocaine »,Revue Africaine, 1938, pp367-79

MADANI (Mohammed)
« L'habiter : contrainte ou liberté ? Une recherche sur la maison individuelle oranaise », Insaniyat n° 02 (Mai- Août 1997), pp.105-130

MAGGIANI (Andriano)
« L'homme et le sacré dans les rituels et dans la religion étrusque », in Collectif (sous la direction de Julien Ries),Les civilisations méditerranéennes et le sacré,pp183-203

MAHDJOUB (Abderahmane)
« Fêtes et coutumes musulmanes Tlemcen et sa région », N° spécial de Richesses de France, 1er trimestre 1954, pp13-20pp47-52

MAHMOUDI (Yahia)
La thérapeutique par les plantes les plus communes en Algérie
Blida, Palais du Livre, sd,128 p

MAHMOUDI (Amar)
« Imaginaires et croyances populaires », Insaniyat n° 11 (Mai-Août 2000), pp.129-134

MAHSAS(Ahmed)
Le mouvement révolutionnaire en Algérie.De la première guerre mondiale à1954.Essai sur la formation du mouvement national
Alger, E.Barkat, 1990,363p

MAISONNEUVE (Jean)

1-Les conduites rituelles
Paris, PUF, 1999,127p
(3°éd., Collection QSJ)

2- La dynamique des groupes
Paris, PUF, 2007,126 p
(14° édition)

MALINJOUD (Commandant)
« Contes bédouins », Revue Africaine, 1923, pp443-7 ; 1924, pp541-7 et 1925, pp 89-94

MALKA (Elie)
« Essai d'ethnographie traditionnelle des Mellahs ou croyances, rites de passage et vieilles pratiques des israélites marocains pat Ph .Marçais » (CR), Revue Africaine, 1948, pp426-9

MAMMERI (Mouloud)
1-Culture savante, culture vécue. Etudes 1938-1989)
Alger, Tala, 1991,235 p

2-Poèmes kabyles anciens. Textes berbères et français
Alger, Laphomic, Awal,La Découverte,1988,467 p

3-« Evolution de la poésie kabyle » Revue Africaine, 1950, pp125-48

MANGION (P.)
« Le dialecte arabe de l'Edough », Revue Africaine, 1937, pp373-80

MARAVAL -BERTHOUIN (A)
« Lalla Setti Tlemcen et sa région », N° spécial de Richesses de France, 1er trimestre 1954, pp13-20 pp67-8

MARCAIS (Georges)
1-« Recherches d'archéologie musulmane. Achir », Revue Africaine, 1922, pp21-38

2- « Matériaux pour un catalogue du Musée Mustapha. Note sur un coffre kabyle » , Revue Africaine, 1927, pp447-56

3-« La chaire de la grande Mosquée de Nedroma », Revue Africaine, 1932, pp321-31

4-« Tlemcen, Ville d'art et d'histoire » ,Revue Africaine, 1936, pp28-48

5-« Monuments et vieilles pierres Tlemcen et sa région », N° spécial de Richesses de France, 1er trimestre 1954, pp13-20pp33-38

MARCAIS (William et Georges)

Les monuments arabes de Tlemcen
Paris ,A. Fontemoing, 1903
articles : « Qoubbas d'Ain el Hout : Qoubba de Sidi Abdellah Ben-Mançour et Qoubba de Sidi MohammedBen – Ali »

MARCAIS (William)

1-« Le nom d'une fois dans le parler arabe de Djendouba (N.O. tunisien) par H.Massé », Revue Africaine, 1924, pp180-1

2-« Les origines de la prose littéraire arabe », Revue Africaine, 1927, pp15-28

3-Le dialecte arabe parlé à Tlemcen
Paris E.Leroux, 1902

MARCAIS (Philippe)

1-« Remarque sur un fait syntaxique du parler arabe d'El-Milia », Revue Africaine, 1936, pp1047-55

2-« Pèlerinages judéo-musulmans au Maroc par L.Voinot » (CR), Revue Africaine, 1948, pp 429-30

MARCHAND (Dr, H.)

1-« Stations dolméniques de l'Atlas Médéen », Revue Africaine, 1938, pp525-30

2-« Masques carnavalesque et carnaval en Kabylie », Revue Africaine, 1938, pp805-14

MARCLES (Louise-Noêlle)

La bibliographie

Paris, PUF,1977,126 p
(QSJ)

MARCY (Georges)

1-« L'inscription libyque bilingue de Lalla Maghnia », Revue Africaine, 1936, pp453-63

2-« L'Alliance par collactation (T'âd'a) chez les berbères du Maroc Central » , Revue Africaine, 1936, pp 957-73

3-« Etude des documents épigraphiques recueillis par M. Reygasse au cours de ses missions dans le Sahara Central » , Revue Africaine, 1937, pp27-62

4-« Les vestiges de la parenté maternelle en droit coutumier berbère et le régime des successions touarègues », Revue Africaine, 1941, pp 187-211

5-« Au sujet d'une inscription libyque du Musée d'Alger. Notes et Documents » , Revue Africaine, 1941, pp258-9

MAROUF (Nadir)

1-Toponymie et anthroponymie maghrébine. Quelques repères de la centralité « à travers champs »
Oran , URASC,1991,18p

2-« L'imaginaire historiographique entre conjectures et réalités, ou le problème des sources : à propos de l'établissement humain en milieu saharien », Insaniyat n° 02 (Mai- Août 1997),pp.159-177

MARTINET (André)

Eléments de linguistique générale
Paris, Armand Colin, sd,221 p

MARTY (Paul)

« L'Orf des Beni M'tir par A. Basset », Revue Africaine, 1933, pp177-8

MASQUELIER (Bertrand)

« Offrande, mise à mort et langage. Puzzle Africaniste », in Le sacrifice dans les religions (sous la direction de Marcel Neusch), pp21-39.

MASSE (Henri)

1-« Les cérémonies du mariage au Maroc par Edward Westermarck » (CR), Revue Africaine, 1922, pp511-2

2-« Les études arabes en Algérie (1830-1930) avec bibliographie », Revue Africaine, 1933, pp208-58 et pp 458-505

MASSIERA (Paul)

« Un coffret à reliques de la région de Sétif », Revue Africaine, 1935, pp 165-71

MAUNIER (René)

Coutumes algériennes
Paris,Ed.Domat-Montchrestien,1935, 202 p

MAUSS (Marcel)

1-Manuel d'ethnographie
Paris Payot et Rivages, 2002,363 p

2-Œuvres.1.les fonctions sociales du sacré
Paris, Les Editions de Minuit, 2005,636p

3- Essai sur le don, suivi de rapports de la psychanalyse et de la sociologie
Alger, ENAG éditions, 1989,231 p
(Présentation de Houria Benbarkat)

4- Essais de sociologie
Paris, éditions de Minuit, 1971,252 p

5-Sociologie et anthropologie
Introduction de Claude Levy Strauss.
Paris, PUF, 1968, 482 p

MAYEUR – JAOUEN (Cathérine)

1-« Le corps entre sacré et profane :la réforme des pratiques pèlerines en Egypte(XIX°-XX° siècles) » , in Revue des mondes musulmans et de la Méditerranée N° double 113-114, sous la direction de Cathérine Mayeur-Jaouen et Bernard Heyberger) année 2006 « Le corps et le sacré en Orient musulman » ,pp301-25

2-« Introduction :le corps et le sacré en Orient musulman In Revue des mondes musulmans et de la Méditerranée », N° double 113-114, sous la direction de Cathérin Mayeur-Jaouen et Bernard Heyberger) année 2006 « Le corps et le sacré en Orient musulman » ,pp9-31

MAZARI (Rafia)
Iliade de Tlemcen
Oran, Dar El Gharb, 2006,157 p

Mc DOUGALL (James)
« La mosquée et le cimetière. Espace du sacré et pouvoir symbolique à Constantine en 1936 », Insaniyat n° 35-36 (Janvier – Juin 2007), pp79-96

MEDHAR (Slimane)
Tradition contre développement
Alger, ENAP,1992,294 p

MEHADJI (Rahmouna)
1-« De l'intraduisibilité à la traduisibilité des termes dialectaux dans les contes oraux algériens », Thurath (les cahiers du CRASC) n° 10, 2005 : Représentations sociales (sous la direction de Hadj Miliani), pp 33-42

2-« Eléments de bibliographie sur le conte », Thurath (les cahiers du CRASC) n° 8, 2004 : Patrimoine immatériel. Matériaux, documents et étude de cas (sous la direction de Hadj Miliani), pp 109-116

3-« Le conte populaire : théâtralisation et écriture », Thurath (les cahiers du CRASC) n° 8, 2004 : Patrimoine immatériel. Matériaux, documents et étude de cas (sous la direction de Hadj Miliani), pp15-22

MELIANI (Hadj)
« Transaction sociales et sémiotique du sujet. Le cas du mariage « Falso » dans l'ouest algérien », Insaniyat n° 09 (Septembre-Décembre 1999) , pp. 37-4

MELLIOUH (Fouzia), TABET-AOUL(Kheïra)
« Confort féminin et pratiques domestiques dans une ville de l'Atlas saharien algérien (Biskra) », Insaniyat n° 02 (Mai- Août 1997), pp131-157

MENJAUD (H)

« Documents ethnographiques sur le Gourma », in journal de la société africaniste Tome II Paris,1932, pp35-53

MERABET (Abdelkader)

Réfutations et polémiques, suivi de : Appels au Dieu de l'Eternité
Alger, ENAL, 1990,311 p

MERAD (Zoulikha)

1-Contes arabes de Tlemcen. Essai d'analyse textuelle
Alger, ENAP,1991,325 p

2- « colinguisme » et langage de connivence. Les noms de la femme dans l'argot des jeunes en Algérie, Insaniyat n° 32-33(Avril-Septembre 2006), pp111-126

MERCIER (Gustave)

« Quelques étymologies libyennes » , in Revue Africaine, 1940, pp149-53

MERVIN (Sabrina)

« Les larmes et le sang des chiites : pratiques rituelles lors des célébrations de 'Ashûrâ'(Liban, Syrie) », in Revue des mondes musulmans et de la Méditerranée N° double 113-114, sous la direction de Cathérine Mayeur-Jaouen et Bernard Heyberger) année 2006 « Le corps et le sacré en Orient musulman » ,pp153-65

MESSAADI (Sakina)

Les romancières coloniales et la femme colonisée. Contribution à une étude de la littérature coloniale en Algérie
Alger,ENAL,1989,406 p

MEZIANE (Abdeslam)

« Ibn Hamis, poète tlemcenien du XIII ° siècle » ,in Revue Africaine, 1936, pp 1057-65

M'HAMSADJI (Kaddour)

1-L'allusion faite à ma voisine
Choix d'expressions imagées du parler algérien et autres « expressions populaires »
Alger, OPU, 1991,103 p

2- Sultân Djezâïr, suivi de chansons des Janissaires turcs d'Alger (Fin du XVIII ° siècle) par Jean Deny
Alger, OPU, 2005, 222 p

MICHEL (Patrick)
La religion au musée. Croix dans l'Europe Contemporain
Paris, L'Harmattan, 1999,173 p

MILIANI (Hadj)
1-« Eléments d'histoire sociale de la chanson populaire en Algérie. Textes et contextes » Thurath (les cahiers du CRASC) n° 17, 2009 : Chants populaires (sous la direction de Hadj Miliani et Belkacem Boumedini), pp.9-35

2-Conduites et imaginaires sociaux du monde féminin en Algérie à travers l'insulte
Oran , CRIDSSH, 1984, 31 p

3- « L'humour dans les langues maternelles en Algérie », Cahiers de linguistique et didactique, n° 1-2 (nouvelle série), GRDLD,pp32-37 , Oran, 2002(Travaux de groupe de recherche en Linguistique, Dynamique du Langage et Didactique sous la direction de Farouk Bouhadiba) (Editions Dar El Gharb, Oran)

4-« Alternance codique, emprunts et statut symbolique du Français dans les chansons contemporaines en Algérie » (notes de recherche), Cahiers de linguistique et didactique, n° 1-2 (nouvelle série), GRDLD,pp 82- 93 , Oran, 2002(Travaux de groupe de recherche en Linguistique, Dynamique du Langage et Didactique sous la direction de Farouk Bouhadiba) (Editions Dar El Gharb, Oran)

MILLION (G.)
« Les parlers de la région d'Alger », Revue Africaine, 1937, pp 345-51

MIQUEL (André)
L'Islam et sa civilisation :VII° -XX° siècle
Paris, Armand Colin,1997,600 p

MISSONNIER (F.)
« Stèles et inscriptions de Gouraya », Revue Africaine, 1933, pp54-74

MONCHICOURT (Charles)
« De la nécessité d'adopter pour la Triade Algérie-Tunisie- Maroc un nom propre d'ensemble », Revue Africaine, 1936, pp217-26

MONNEYRON (Patrick, Fréderic) , RENARD (Jean, Brunot) Renard et TACUSSEL (Patrick)
Sociologie de l'imaginaire
Paris,Armand Colin,2006,236 p

MORIN (Edgar)
Sociologie
Edition revue et augmentée par l'auteur
Paris, Fayard, 1994,456 p

MOREAU (Marie-Louise
Sociolinguistique. Concepts de base
(Belgique), Pierre Mardaga éditeur,1997,312 p

MORO(Ahmed)
« Un détour par l'anthropologie et les figures mythiques des rapports entre l'ordre et le désordre : une nouvelle grille de lecture », Insaniyat n° 27 (Janvier-Mars 2005), pp.77-100

MOTTE(André)
1-« Le sacré dans la nature et dans l'homme :la perception du Divin chez les grecs », In (Collectif sous la direction de Julien Ries), Les civilisations méditerranéennes et le sacré,pp229-54

2-« Introduction », In(Collectif sous la direction de Julien Ries)Les civilisations méditerranéennes et le sacré,pp207-10

MOUGIN (L.)
« Amzwar » , in Encyclopédie Berbère, Tome IV, pp622-8

MOUSSAOUI (Abderahmane)
1-Le pur et l'impur en Islam. Discours canonique et sens symbolique. Le faqih face au temps

Oran, URASC, 1989,27 p

2-De la violence en Algérie. Les lois du chaos
Alger, Barzakh,2006, 446 p

3-Logiques du sacré et modes d'organisation de l'espace dans le sud- Ouest algérien Thèse , Paris, EHESC, 1996, 448p

MULAGO GWA CIKALA (V.)
« L'homme africain et le sacré », in (collectif, sous la direction de Julien Ries) Les origines et le problème de l'homo religiosus volume Ipp255-80(Traité d'anthropologie du sacré) Aix en Provence,Edisud, (1992),358p

MURATI (P.)
« Le Maraboutisme ou la naissance d'une famille ethnique dans la région de Tébessa », Revue Africaine, 1937, pp256-315

NABTI (Mehdi)
Soufisme, métissage culturel et commerce du sacré. Les aissâwa marocains dans la modernité Insaniyat , n° 32-33 , avril –septembre, 2006, pp.173-195

NACIB (Youssef)
1-Eléments sur la tradition orale
Alger, SNED,1982,143p
(2e édition)

2- Cultures oasiennes. Bousâada :essai d'histoire sociale
Préface de Milton Santos.
Alger, ENAL,1986,505 p

3-Proverbes et dictons Kabyles
Alger, Editions Andalouses ,sd, 320 p

NEDJAR (Ammar)
« Messali Hadj, le Zaïm calomnie.Témoignage d'un « zitounien »
In collectif :Messali Hadj 1898.Parcours et témoignages
Alger, Casbah Editions, 1998,pp 118-145

NEFZAOUI (Cheikh)
Le jardin Parfumé. Manuel d'érotologie arabe.Traduction revue et corrigé

Paris, Ina-Yas, 1999,294 p

NEUBURGER (Robert)
Des rituels familiaux. Essais de systémiques appliqués
Paris Payot et Rivages, 2006,217p

NEUSCH (Marcel, sous dir.)
1-Le sacrifice dans les religions
Paris, Beauchesne éditeur,(72,rue des Saints-Pères,75007),1994,310p.

2-« Une conception chrétienne du sacrifice.Le modèle de Saint Augustin », in Le sacrifice dans les religions (sous la direction de Marcel Neusch), pp117-38.

NOUSCHI (A.)
« La consommation des glands en Kabylie », in Encyclopédie Berbère, Tome IV, p 487

NOUVEL (J.)
« L'Enfance musulmane indigente à Rabat », Revue Africaine, 1938, pp737-61

OSTOYA –DELMAS (S.)
« Notes préliminaires à l'étude des parlers de l'arrondissement de Philippeville », Revue Africaine, 1938, pp60-3

OTTO(Rudolf)
Le sacré
Paris Payot et Rivages, 2004,284p

OFFICE DE TOURISME DE TLEMCEN
Tlemcen. Guide Touristique de Tlemcen et sa région
Tlemcen, imp. Ibn Khaldoun, 1994,142 p

OUAGOUAG (Maître Abdelkader)
Contribution à l'histoire de la résistance. Les grands procès. Organisation secrète : Oran, 6 mars 1951.Politique : Alger, 29 octobre 1953. Le Comité de soutien des victimes de la répression.
Alger, E.Dahlab, 1992,217 p

OUSSOUKINE (Abdelhafid)
Le droit à l'épreuve des rites

Oran, Dar El gharb, 2001,147 p

PALLARY (Paul)
1-« Notes critiques de Préhistoire nord-africaine », Revue Africaine, 1922, pp369-424
2-« Les croyances relatives aux Scorpions dans le Nord de l'Afrique », Revue Africaine, 1936, pp975-97

PASQUIER (Abel)
« Le sacrifice aux ancêtres dans le devenir du « Moaaga », in Le sacrifice dans les religions (sous la direction de Marcel Neusch),pp41-56.

PAUGAM (Serge)
Le lien social
Paris, PUF,2008, 127 p

PAULME (Denise)
Les civilisations africaines
Paris, PUF,1974,126 p
(6e édition)

PEREZ (Henri)
« L'Algérie vue par deux voyageurs musulmans en 1877-1878 », Revue Africaine, 1935, pp259-70

PEREZ (H)et Bousquet (G-H.)
« Extrait de coutumes, croyances des indigènes de l'Algérie. Tome I : L'enfance, le mariage et la famille (traduction) Alger, Carbonel, 1939.(pp120-7) », Thurath (les cahiers du CRASC) n° 8, 2004 : Patrimoine immatériel. Matériaux, documents et étude de cas (sous la direction de Hadj Miliani) pp.89-99

PIESSE (L. et J. Canal)
Les villes de l'Algérie.Tlemcen
Paris, Librairie Africaine et Coloniale A. Barbier, 1889,101 p

PINCON (Michel) et PINCON (CHARLOT)
« Rituels familiaux et sociaux dans la grande bourgeoisie », in Mythes, rites, symboles dans la société contemporaine (sous la direction de Monique Segré) ,pp123-49.

PLATTI (Emilio)
« Le sacrifice en Islam », in Le sacrifice dans les religions (sous la direction de Marcel Neusch),pp157-74.

POCHET(Bernard)
Méthodologie documentaire Recherche, consulter, rédiger à l'heure de l'internet
Bruxelle, Deboeck, 2005,197p
(2°ed)

PRIEUR (Jean)
Les animaux sacrés dans l'antiquité. Art et religion du monde méditerranéen
Rennes, Ouest- France, 1988,198p

PROBST-BIRABEN(J-H.)
« Les rites d'obtention de la pluie dans la province de Constantine », in journal de la société africaniste Tome II , Paris,1932, pp95-102

PROPP (Vladimir)
Morphologie du conte
Paris, Seuil, 2007,254 p
(3ième édition)

PROUTEAUX (Maurice)
« Les épreuves par le poison chez les indigènes du Bas-Cavally », in journal de la société africaniste Tome II, Paris,1932, pp59-74

PROVENZALI (F.)
El Bostan ou jardin des biographies des saints et savants de Tlemcen, par Ibn Meryem, traduit et annoté
Alger, Fontana frères, 1910

PUISSEUX (Hélène)
« Mythologie filmique du nucléaire », in Mythes, rites,symboles dans la société contemporaine (sous la direction de Monique Segré) ,pp39-65 .

QUERE (France)
La famille
Paris, Table ronde, 2007,347 p

(Essai)

RACHIK (Hassan)
Sacré et sacrifice dans le haut atlas marocain
Casablanca, Afrique Orient, 1990,167p

RAHMANI (Slimane)
1-« Le mois de mai chez les Kabyles », Revue Africaine, 1935, pp361-6

2-« Rites relatifs à la vache et au lait »,Revue Africaine, 1936, pp791-809

3-« La grossesse et la naissance au cap Aokas » , Revue Africaine, 1937, pp217-45

4-« L'Enfant chez les Kabyles jusqu'à la circoncision », Revue Africaine, 1938, pp815-42

5-« Coutumes kabyles du Cap Aokas. Deuxième partie. L'Enfance de la Naissance à la circoncision », Revue Africaine, 1939, pp65-120

6-« Le tir à la cible et le « nif » en Kabylie » , Revue Africaine, 1949, pp126-32

RANDAU (Robert)
« Les rites secrets des primitifs de l'Oubangui par Vergiat » (CR), Revue Africaine, 1939, pp289-90

RIBICHINI (Sergio)
« Croyance et vie religieuse chez les phéniciens et les cathaginois », In (Collectif sous la direction de Julien Ries),Les civilisations méditerranéennes et le sacré. Turnhout(Belgique),Brepols,2004,pp 157-81

RICARD (Prosper)
« Note sur un « tebi » hispano-mauresque d'après une partie du Musée de Tlemcen », Revue Africaine, 1936, pp 511-5

RIES (Julien)

1-« Introduction . L'homme et le sacré. Traité d'anthropologie religieuse », in collectif (sous la direction de Julien Ries), Les origines et le problème de l'homo religiosus volume Ipp15-24

2-« L'homme religieux et le sacré à la lumière du nouvel esprit anthropologique », in collectif, (sous la direction de Julien Ries) , Les origines et le problème de l'homo religiosus, volume Ipp27-54

3-« Les perspectives d'une anthropologie du sacré », in collectif, (sous la direction de Julien Ries), Les origines et le problème de l'homo religiosus volume Ipp333-45

4-« Avant-propos », In Collectif (sous la direction de julien Ries),L'homme indo-européen et le sacré, pp11-3

5-« Les caractéristiques générales du monde indo-européen et le sacré », In Collectif,(sous la direction de julien Ries),L'homme indo-européen et le sacré, pp15-30

6-« L'expérience du sacré dans la vie de l'homme indo-européen », In Collectif (sous la direction de julien Ries), L'homme indo-européen et le sacré, pp277-97

7-« Liminaire. La Méditerranée et ses mémoires », In Collectif(sous la direction de Julien Ries),Les civilisations méditerranéennes et le sacré,pp9-15

8-« L'émergence de l'Homme religieux dans les cultures et les civilisations méditerrannéennes », In Collectif (sous la direction de Julien Ries),Les civilisations méditerranéennes et le sacré,pp17-28

9-« L'héritage religieux et culturel de l'homme méditerranéen ». In Collectif (sous la direction de Julien Ries), « Les civilisations méditerranéennes et le sacré »,pp345-68

10-« Les cultes isiaques et leur symboliques sacrale dans la vie religieuse en Egypte hellénistique et romaine », In Collectif (sous la direction de Julien Ries),Les civilisations méditerranéennes et le sacré, pp139-53

RIVIERE (Claude)
« Structure et contre-structure dans les rites profanes » in Mythes, rites,symboles dans la société contemporaine (sous la direction de Monique Segré) pp99-122.

ROBERTS (Hugh)
« La Kabylie à la lumière tremblante du savoir maraboutique », Insaniyat n° 16 (Janvier- Avril 2002), pp.99-115

ROCHER (Guy)
Introduction à la sociologie

1-L'action sociale
Paris, Le seuil, 2003,189 p
Introduction à la sociologie.

2-L'organisation sociale
Paris, Le seuil, 2001,258 p
Introduction à la sociologie.

3-Le changement social
Paris, Le seuil,

RONDIN (Jacques)
Le sacré des notables la France en décentralisation
Paris, Fayard1985, 335p

ROUANET (Jules)
Extrait de « La musique arabe »,Thurath (les cahiers du CRASC) n° 10, 2005 : Représentations sociales (sous la direction de Hadj Miliani)pp.67-87

ROUISSAT (Abdenasser)
« Espace, Epistémologie et civilisation » , In Annales de l'Université d'Oran, n°1, 1995, université d'Oran, pp 73- 81

ROUISSI (Moncer)
Population et société au Maghreb
Alger, OPU, 1983,189 p

RODARY (P.)
1-« Recherche des inscriptions libyques de la région de Souk Ahras », Revue Africaine, 1937, pp417-23

2-« Note sur quelques nouvelles inscriptions libyques de l'Est Constantinois », Revue Africaine, 1938, pp537-45

ROFFO (Dr Pierre)

« Sépultures Indigènes anté –Islamiques en pierres sèches. Etudes sur trois nécropoles de l'Algérie Centrale » , Revue Africaine, 1938, pp198- 242

ROUSSIER –THEAUX (J.)

« La neutralisation du droit de Djebr », Revue Africaine, 1946, pp213-20

ROUX (Arsène)

1-« Quelques mots argots arabes et berbères du Maroc », Revue Africaine, 1936, pp 1067-88

2-« Poésie populaire arabo-berbère du Maroc central », Revue Africaine, 1938, pp865-72

SAFIR (El Boudali)

1-« Le ramier messager de cheikh Boumediène Bensahla », Thurath (les cahiers du CRASC) n° 15, 2006 : Le melhoun : textes et documents (sous la direction de Ahmed Amine Dellaï)Pp 41-50

2-« Boumediène Bensahla Poète populaire », Thurath (les cahiers du CRASC) n° 15, 2006 : Le melhoun : textes et documents (sous la direction de Ahmed Amine Dellaï)Pp107-113

SAIDANI (Maya)

La musique du constantinois. Contexte, nature, transmission et définition

Alger, Casbah Editions,2006, 448p

SALHI (Mohamed Brahim)

« Eléments pour une réflexion sur les styles religieux dans l'Algérie d'aujourd'hui », Insaniyat n° 11 (Mai-Août 2000), pp.43-63

SAPIR (Edward)

Linguistique

Paris, Ed. de Minuit, 1991,288 p

SARACGIL (Ayse)
« L'introduction du café à Istambul (XVI°-XVII° siècles) », in Collectif (S/D de Hélène Desmet-Grégoire et François Georgon) Cafés d'Orient revisités, Paris, CNRS ethnologie, pp25-38

SARI (Djilali)
1-A la recherche de notre histoire
Alger, Casbah Editions, 2003,206 p

2-L'émergence de l'intelligentsia algérienne (1850-1950)
Alger, ANEP,2006,320 p

SAUSSURE a (De, Ferdinand)
Cours de linguistique générale
Alger, ENAG éditions,1994,381 p
(présentation de Dalila Morsly)
(2e éditions)

SAUTIN (A.)
« La musique antique dans le monde oriental : la musique arabe », Revue Africaine, 1950, pp298-356

SARIDJ (Mohamed)
Verveine Fanée. Coutumes et traditions du pays des Beni-Snous
Oran, Dar El Gharb, 2001,164 p

SCELLES –MILLIE (J.)
Traditions algériennes
Paris ,G-P ; Maisonneuve et Larose, 1979,301 p

SCHÔNIG (Hanne)
« Le corps et les rites de passage chez les femmes du Yémen », Revue des mondes musulmans et de la Méditerranée N° double 113-114, sous la direction de Cathérine Mayeur-Jaouen et Bernard Heyberger) année 2006 « Le corps et le sacré en Orient musulman » ,pp167-77

SCHWARZFUCHS(Simon)
Tlemcen. Mille ans d'histoire d'une communauté juive
Paris, Imp. Laïk –Gusmini, 1995,232 p

SEGRE (Gabriel)
« Les biographies d'Elvis Presley : un récit mythique », in Mythes, rites,symboles dans la société contemporaine (sous la direction de Monique Segré), pp67-97.

SEGRE (Monique, sous dir.)
1-Mythes, rites, symboles dans la société contemporaine
Paris, L'Harmattan,1997,314p

2-« Rituels dans une institution d'art », in Mythes, rites, symboles dans la société contemporaine (sous la direction de Monique Segré), pp219-35.

SERVIER (Jean)
Les berbères
Alger, Editions Dahlab,1994,127p
(collection Q.S.J.)

SHAW (le docteur)
Voyage dans la régence d'Alger
Tunis, Ed. Bouslama, 1980,402 p

SIROTA (Régine)
« Processus de socialisation et apprentissage des civilités, à propos d'un rituel : l'anniversaire », in Mythes, rites,symboles dans la société contemporaine (sous la direction de Monique Segré), pp151-66.

SEGALEN (Martine)
Rites et rituels contemporains
Paris, Armand Colin, 2005,128 p

SINGLY (François de)
L'enquête et ses méthodes. Le questionnaire
(2e édition refondue)
Paris, Armand Colin,2006,127 p

SIRONNEAU (Jean-Pierre)
Métamorphoses du mythe et de la croyance
Paris, L'Harmattan, 2000, 287 p

SNOUCK –HURGROJE (Christian)

« La légende qoranique d'Abraham et la politique religieuse du Prophète Moh'amed », Revue Africaine, 1951, pp273-90 t raduction G-H Bousquet

SOUALAH (Mohammed)

1-Cours complémentaire d'Arabe Parlé. La Société religieuse : fêtes, cérémonies, Bases de l'Islam,Rites, Marabouts. Les dialectes de l'Algérie et du Maroc : Mœurs,Coutumes, Institutions des indigènes, Plans de conférences
Alger, La Thypo-Litho et J.Carbonel,1958,VI p + 217 p

2-Cours Elémentaire d'Arabe Parlé. Lecture, écriture, exercices de langage, leçons de choses, contes, anecdote, exercices d'intelligence
Alger, La Thypo-Litho et J.Carbonel,1956,VII p + 175 p

SOUFI (Fouad)

« Famille, femmes, histoire : notes pour une recherche », Insaniyat n° 04 (janvier-Avril 1998), pp.109-118

TAHAR (Ahmed)

« La société de Benguennûn. Les écoles de Mascara et de Mazouna », Thurath (les cahiers du CRASC) n° 15, 2006 : Le melhoun : textes et documents (sous la direction de Ahmed Amine Dellaï), pp89-92

TALEB (Mohammed Nour Eddine)

« Essai d'introduction à une étude étymologique du dialecte algérien », In Annales de l'Université d'Oran, n°1, 1995, université d'Oran, pp83-94

TALEB IBRAHIMI (Khaoula)

Les Algériens et leur(s) langue(s). Eléments pour une approche sociolinguistique de la société algérienne
(préface de Gilbert Grandguillaume)
Alger, Les Editions El Hikma,1997,328 p
(2e édition)

TAMA'S(GM)

Les idoles de la tribu. L'essence morale du sentiment national
Paris, Arcanthère, 1991,237p

(Traduction du hongrois par Georges Kassaï)

TAROT(Camille)
Sociologie et anthropologie de Marcel Mauss
Paris, La Découverte, 2003, 123 p
(Collection Repères)

TASSIN (Claude)
« L'apostolat , un « sacrifice » ? judaïsme et métaphore paulienne », in Le sacrifice dans les religions (sous la direction de Marcel Neusch),pp85-116.

TEMPLE (Dominique) et CHABAL (Mireille)
La réciprocité et la naissance des valeurs humaines
Paris,L'Harmattan,1995,263 p

TENGOUR (Ounassa)
La fin des medersas ou la raison d'une aventure coloniale.Tlemcen et constantine 1850-1880
Oran , URASC, sd, 18 p

TERRASSE (H)
L'art hispano- mauresque des origines au XIII° siècle
Paris,Van ouest, 1932

THEODORIDES (Aristide)
« Etude anthropologique du droit pharaonique », In (Collectif sous la direction de Julien Ries)Les civilisations méditerranéennes et le sacré. Turnhout(Belgique),Brepols,2004,pp115-38

THOMAS (Louis-Vincent)
« Le sacré et la mort », in collectif,(sous la direction de Julien Ries), Les origines et le problème de l'homo religiosus volume I,pp209-52

TINTHOUIN (Robert)
« Aspects géographiques Tlemcen et sa région », N° spécial de Richesses de France, 1er trimestre 1954 ,pp13-20

TILLION (Germaine)
1-Il était un fois l'ethnographie
Paris, Le Seuil, 2000,344p

2-Le harem et les cousins
Paris, Le Seuil, 2008,212 p

TOUALBI (Noureddine)
Religions, rites et mutations.Psychologie du sacré en Algérie
Préface de C.Camilleri
Alger, ENAL,1984,288 p
Le sacré ambigu
Alger,ENAL,1984163 p

TREZENEM (Edouard)
« Vocabulaire Inzabi » , in journal de la société africaniste, Tome II, Paris,1932, pp75-84

TRIKI (Ahmed)
Néoplatonisme et aspect mystique de la création de l'Univers dans la philosophie des Ihwân
Alger, SNED, sd,184 p

TROUSSEL (R.)
« Note sur les populations indigènes de la Commune mixte des Eulma » , Revue Africaine, 1941, pp230-57

TUCHSCHERER (Michel)
« Les cafés dans l'Egypte ottomane (XVI° -XVIII° siècles) » , in Collectif (S/D de Hélène Desmet-Grégoire et François Georgon) Cafés d'Orient revisités Paris, CNRS ethnologie, pp91-112

TURCAN (Robert)
« Culte impérial et sacralisation du pouvoir dans l'empire romain », in (Collectif sous la direction de Julien Ries)Les civilisations méditerranéennes et le sacré. Turnhout(Belgique),Brepols,2004,pp311-42

TURIN (Yvonne)
Affrontements culturel dans l'Algérie ciolonìale. Ecoles, médecines, religion, 1830-1880
Alger, ENAL,1983,434 p

VAN GENNEP (Arnold)

Les rites de passage.
Paris,E.Nourry,1909.réédité en 1981

VATIN(Nicolas)
« Le corps du sultan ottoman In Revue des mondes musulmans et de la Méditerranée », N° double 113-114, sous la direction de Cathérine Mayeur-Jaouen et Bernard Heyberger) année 2006 « Le corps et le sacré en Orient musulman » ,pp213-27

VERDEIL (Chantal)
« Le corps souffrant de Rifqâ, sainte maronite du XIX° siècle In Revue des mondes musulmans et de la Méditerranée », N° double 113-114, sous la direction de Cathérine Mayeur-Jaouen et Bernard Heyberger) année 2006 « Le corps et le sacré en Orient musulman » ,pp247-64

VIVIER (Anne-Sophie)
« Le corps dans le chiisme populaire iranien : entre savâb et impureté In Revue des mondes musulmans et de la Méditerranée », N° double 113-114, sous la direction de Cathérine Mayeur-Jaouen et Bernard Heyberger) année 2006 « Le corps et le sacré en Orient musulman » ,pp125-49

VOINOT (L.)
Le Tidikelt. Etude sur la géographie, l'histoire, les mœurs du pays
Oran, L.Fouque , 1909,152 p

WESTERMARCK (Edouard)
« Les cérémonies du mariage au Maroc » , Revue Algérienne ,1922, p511

WINKIN (Yves)
Anthropologie de la communication. De la théorie au terrain
Paris, Editions De Boeck & Larcier S.A. Éditions du Seuil, 2001,332 p

WUNENBURGER (Jean Jacques)
Le sacré
Paris. PUF, 2001,127p (QSJ)

YELLES –CHAOUCH (Mourad)
1-Le Hawfi. Poésie féminine et tradition orale au Maghreb
Alger, OPU, 1990,424 p

2-« Huit séquences d'un corpus maghrébin », Insaniyat n° 09 (Septembre- Décembre 1999), pp.19-36

3-« Le 'arûbi féminin au Maghreb. Tradition orale et poétique du détour » Insaniyat n° 21 (juillet- Septembre 2003) ,pp. 37-53

ZERDOUMI (Nafissa)
Enfants d'hier. L'éducation de l'enfant en milieu traditionnel algérien
Préface de Maxime Rodinson
Paris, François Maspero, 1982,302 p

ANNEXES

Village d'Ain El Hout

Le petit village d'Ain El Hout, situé à huit kilomètres environ au nord de Tlemcen, se compose de deux agglomérations d'habitants : l'une située à l'Est, autour de tombeaux de saints et d'une source qui sert au village de Saint Eponyme ; l'autre dénommé Tralimet, situé un peu plus à l'Ouest, peuplé d'ouvriers agricoles, et qui ne semble pas bénéficier de la bénédiction des marabouts.

Les notables du village, descendants des marabouts, ont la prétention de descendre de Soleiman ben Abdallah, frère d'Idriss, le fondateur de Fès, le premier sultan qui vint s'emparer du territoire de Tlemcen, appelé en ce temps-là Agadir (aux X° siècles). Les traditions orales sont éminemment respectables, c'est pourquoi nous ne les contredirons pas. Mais la vérité nous oblige à dire que les textes écrits, qui sont nos seules archives en ce qui concerne le village et qui se trouvent près des tombeaux des marabouts, remontent au XVIII° siècle.

Quand on arrive à Ain El Hout par la route qui part de Bab el Kermadin »la porte des tuiliers », qui va couper sur le ruisseau dénommé Chabet el Horra la route de Bréa à Négrier, et qui fait découvrir le village à deux kilomètres environ de cet embranchement, le premier point qui frappe les yeux est un bassin, très bien entretenu, très fréquenté par les femmes et les fillettes musulmanes, peuplé d'une multitude de poissons rouges.

La source qui alimente ce bassin a donné son nom au village. Un écriteau apprend aux touristes de passage qu'il est interdit de toucher aux poissons. La légende est la suivante : « un jour de mai, comme le temps invitait à la promenade, une sœur de la princesse choumissa partit cueillir des fleurs dans la proche banlieue de Tlemcen et s'égara sur les bords du chabet el Horra. Un beau jeune homme l'aperçut, remarqua sa beauté et fut désireux de la voir de plus près. Il fit ses compliments à la princesse et lui proposa de l'aider à cueillir des fleurs. La princesse soupçonna des intentions impures chez le jeune homme et courut pour mettre une distance respectable entre elle et lui. La course dura une bonne demi-heure et la princesse voyait venir avec épouvante le moment où elle serait rattrapée par le jeune homme, quand elle aperçut devant elle une grande source. Elle n'eut pas le temps de la réflexion et fit seulement un vœu, celui d'échapper à son poursuivant. Sur l'instant, elle se jeta dans la source et Dieu, qui compatit toujours aux misères des faibles, la changea immédiatement en poisson ». C'est évidemment par respect pour cette belle princesse qu'on interdit aujourd'hui encore de pêcher les poissons qui s'ébattent dans le bassin du village.

Les deux agglomérations qui ont leurs habitants sous la protection de la source sacrée : Ain El Hout et Tralimet, comptent ensemble environ 3.500 âmes, dont 3000 à Ain El Hout et 500 à Tralimet. Les habitants tirent leurs ressources des cultures maraîchères et de l'élevage. Leurs jardins et leurs champs sont arrosés par Chabet El Horra et par Oued Sikkak qui coule au Nord Est. La conduite d'eau des Béni Bahdel passe au Nord du village. Une seule route qui conduit jusqu'à Ain El Hout et Tralimet. Elle part de Bab El Qarmadin à Tlemcen. Ainsi, Tralimet constitue un cul-de- sac au-delà duquel elle ne s'ouvre pas. Le climat, dans ce village bien abrité, est moins froid que celui de Tlemcen. Le djebel Ain El Hout protège ses habitants contre les gelées de printemps, et, par la trouée de l'oued Sikak, les brises agréables de l'été arrivant jusqu'au village.

Le mode de vie des habitants est un mode pastoral. La propriété est extrêmement divisée par suite des partages successoraux. Les familles les plus aisées possèdent cinq à six hectares. On y pratique les cultures maraîchères, l'arboriculture, la culture des céréales pour la consommation de la maison, l'élevage d'une vache, deux vaches au maximum, et de quelques moutons, juste dans la mesure que réclame la consommation de la maison. Une source, située à l'Est du village et de maigre débit, alimente en eau les jardins. On comprendra que les usagers soient soucieux de ménager le débit de cette source. Les arbres fruitiers viennent bien, sauf le cerisier qui n'a pas pu s'adapter à Ain El Hout. Le sous-sol ne contient aucun minerai.

Après avoir examiné les conditions de vie physique qui sont faites aux habitants d'Ain El Hout, entrons de plus près dans le village, suivons- les dans leur vie quotidienne. Essayons de reconnaître ce qui peut caractériser leur vie sociale, leur vie politique, leur vie juridique et leur vie religieuse.

Le recensement de 1954 indiquait pour les deux agglomérations d'Ain El Hout et de Tralimet, un total de 2.817 habitants. Les estimations faites pour 1956 indiquent un total de 3.500 habitants. On trouve ici une application de la loi bien connue qui veut que l'excès des naissances sur les décès soit proportionnel aux difficultés matérielles d'existence. Tous les habitants d'Ain El Hout sont musulmans. Le village, d'origine maraboutique, se composait très vraisemblablement de quelques familles, fils, petits fils de marabouts, domestiques préposés à la garde des tombeaux de leurs saints. Aucun Européen ne s'était risquer d'habiter à Ain El Hout ; ce n'est pas que la xénophobie soit telle qu'il n'y pourrait vivre ; mais on peut se demander sur quelle terre, ou de quel métier, il y pourrait vivre.

Le niveau de vie est très bas, et seuls les gens qui sont nés dans le village sont de nature à s'en contenter. Ajoutons, à l'honneur de ces authentiques descendants de marabouts, que les vertus de leurs ancêtres se sont perpétuées jusqu'à nos jours, et que l'entraide est entre eux d'une pratique courante. L'absence d'Européens semble donc résulter des difficultés matérielles d'installation et de vie sociale, et non pas d'un sentiment d'hostilité à l'égard des étrangers. La preuve est faite qu'un étranger dont la raison d'être se justifie par une fonction sociale, est admis dans le village et y est respecté ; c'est le cas de l'instituteur. L'instituteur est aujourd'hui un musulman. Nous avons connu une période où il était européen. La nécessité, quand l'instituteur est européen, le condamne à vivre en famille, à l'égard des familles du village, sans distraction ni liens de société.

Cette nécessité peut devenir, à la longue, inconvénient. L'ennui naquit un jour de l'uniformité. En Octobre 1955, l'école d'Ain El Hout comptait trois maîtres : le directeur, qui était européen, deux adjoints, l'un musulman, l'autre européen.

Les deux instituteurs européens ont obtenu leur mutation pour d'autres postes. L'instituteur musulman est le seul qui soit resté en fonctions au village.

La plupart des maisons sont groupées de chaque côté de la rue principale. Ce sont de très vieilles maisons, bâties en pierre, couvertes d'un toit de tuiles à deux versants. On constate que, depuis une douzaine d'années des « gourbis » ont été installés (sing , gourbi ; plur. Grabât) dans l'immense espace vide qui se trouve entre la voie de chemin de fer et la gand'rue du village. L'œil le plus exercé a beau chercher, il ne trouvera aucune maison de type européen, aucune maison neuve qui décèlerait une manière de vivre européenne. Nous mettons à part, bien entendu, la maison d'école, qu'on a eu le bon goût de bâtir au Nord-Ouest du village, dans une position qui l'isole des constructions du village. Nous sommes évidemment en présence d'une très ancienne manière de bâtir.

Entrons dans une maison. La porte ouvre sur une cour intérieure. Le four à cuire le pain se trouve près de la porte, mais on ne le voit pas de la rue ; car la porte donne accès à la cour par une entrée en chicane, à la mode de citadins. Un des côtés de la cour donne le jour à l'habitation des maîtres : pièces tout en longueur, sans ornement, agréables l'été parce qu'on y trouve la fraîcheur, très froides l'hiver. Les écuries et les étables sont bâties sur un ou deux autres côtés de la cour. Depuis les temps les plus reculés, les habitants d'Ain El Hout ont adopté une manière de bâtir qui est compromis entre la manière rurale des berbères et la manière citadine qu'ils ont pu observer à Tlemcen.

Pour tout ce qui regarde l'alimentation et le costume, les habitants d'Ain El Hout ont adopté les coutumes des citadins ; la vie économique a été facilitée par quelques institutions publiques ; mais on peut juger combien les gens d'Ain El Hout sont demeurés conservateurs en observant la parcimonie avec laquelle ils font entrer dans leur vie publique les institutions modernes, filles du progrès technique. On trouve dans le village une dizaine d'épiceries (mais on n'y vend pas de légumes), deux bains maures, trois fours à pain (mais ils sont destinés à la cuisson du pain des familles et il n'y a pas de boulangerie européenne.). Il n'y a pas de puits dans le village ; les habitants trouvent plus commode de prendre l'eau à la source sacrée pour ceux qui habitent l'Est, et à l'abreuvoir situé près de la maison de consultations pour ceux qui habitent l'ouest.

Seule la maison d'école a le privilège d'être dotée d'eau courante, grâce à une pompe qui fait monter l'eau du rez-de-chaussée au premier étage. Deux moulins à eau étaient en service, il y a dix ans ; aujourd'hui ce ne sont plus que des ruines. Ils ont été remplacés par quatre moulins à moteurs, signe d'un commencement de perméabilité de la population au progrès et à l'accroissement de population. Trois fontaines suffisent à alimenter en eau les deux villages : l'une à l'Est aménagée près de la source sacrée ; une fontaine abreuvoir à l'ouest, près de la salle de consultation ; une fontaine – lavoir, située plus loin, sur la même route.

La salle de consultation est un bâtiment administratif, construit à l'usage de dispensaire, et qui sert en même temps de bureau d'état civil et de lieu de réunion pour tous les besoins de la vie municipale. Un médecin de colonisation vient de Tlemcen à Ain El Hout deux fois par mois. Indiquons un autre signe de modernisation : l'électricité est installée depuis 1953. Les habitants ont été heureux de s'en servir pour leur éclairage personnel. Une cabine téléphonique a été installée, elle compte deux abonnés parmi lesquels on mentionnera le directeur de l'école. Depuis décembre 1954, nouveau progrès appréciable : un car conduit par un Benmansour, descendant du saint et héritier de sa baraka, fait le service des voyageurs entre Tlemcen et Ain El Hout et les gens d'Ain El Hout, soit par nécessité, soit par humeur vagabonde, montent très facilement jusqu'à Tlemcen.

Nous n'avons pas pu obtenir les chiffres qui nous auraient permis d'établir le niveau de vie moyen des habitants d'Ain El Hout. On pourra néanmoins juger, par ce que nous avons dit plus haut de leur vie économique, combien leurs besoins sont demeurés réduits, combien ils sont frugaux (il faut aller à Tlemcen pour trouver des denrées de luxe, quand ce n'est pas le nécessaire), et combien leur budget est pauvre. On peut admettre, pour prendre un élément de comparaison, que le budget d'une famille moyenne d'Ain El Hout est trois fois moindre que celui d'une famille musulmane installée à Hennaya, dans la plaine de grande colonisation.

Les fêtes et les coutumes qui règlent la vie familiale et la vie sociale des habitants d'Ain El Hout sont exactement les mêmes que les fêtes et les coutumes des musulmans de Tlemcen. On ne s'en étonnera pas si l'on songe que, bien avant l'arrivée des Européens, les marabouts qui avaient voués leur vie à Dieu et qui s'étaient installés à Ain El Hout avaient poussés fort loin l'islamisation des gens des environs. Les deux grandes fêtes musulmanes :Aid es Seghir et Aid el Kébir sont aussi des fêtes les plus populaires, qui attirent le plus grand rassemblement de pèlerins à Ain El Hout. Le troisième jour de ces fêtes, les confréries religieuses de Tlemcen groupent un grand nombre de leurs adeptes, organisent des processions avec bannières, tambourins et castagnettes, et conduisent les enfants sur les tombes des saints.

Ordinairement, le pèlerinage commence par une visite aux saints d'Ain El Hout. On constate, toutefois, depuis trois ans, que les pèlerins sont moins nombreux et que plus rares sont les confréries qui descendent le troisième jour jusqu'à Ain El Hout. Nous en conclurons, non pas que la puissance des saints a diminué, ni que les hommes de notre temps sont moins courageux que ceux du passé et que les Tlemceniens de 1956 reculent devant la fatigue d'un voyage à pied jusqu'à Ain El Hout.

Les habitants d'Ain El Hout ont-ils jamais possédé des institutions politiques ?il est permis de se poser la question quand on sait que, au début de l'Islam, le Prophète était à la fois chef religieux et chef temporel, et aujourd'hui encore, le chef de zaouïa, dans certains centres, administre au spirituel, rend la justice et règle les conflits d'ordre politique. Il est probable que jusqu'à l'arrivée des Européens, toute la vie sociale et politique des habitants d'Ain El Hout était administrée par les marabouts. On ne trouve, en tous cas, à l'heure actuelle, aucune trace de djemâa(assemblée de notables) ni d'aucune institution politique.

La situation administrative actuelle du village d'Ain El Hout est la suivante : le village est un groupe qui fait partie de la commune de Tlemcen et qui est administré par la commune de Tlemcen. De droit, le village vote avec la commune de Tlemcen. Le garde champêtre nommé par le maire a les fonctions suivantes : établir les fiches d'état civil, remettre au particuliers les convocations qui les intéressent ; il a installé son bureau dans le local administratif que nous avons appelé salle de consultations.

Les habitants d'Ain El Hout ont-ils possédé des institutions juridiques originales ? Il est probable que non. Non. Nous nous appuierons ici sur les mêmes raisons qui nous ont fait conclure qu'ils ne possédaient pas d'institutions politiques spécifiques. Point de trace de mejless(assemblée de notables ayant le pouvoir judiciaire) , point de trace de ‘orf (règle de droit établie par la coutume berbère). Les marabouts ont dû faire régner le chrâa(droit musulman de source religieuse) depuis fort longtemps, et toutes les questions d'ordre juridique concernant les personnes et les biens, pour les habitants d'Ain El Hout comme pour ceux de Tlemcen, sont réglées par le cadi malékite qui siège Tlemcen.

Pour les besoins de leur vie religieuse, les gens d'Ain El Hout, possèdent trois mosquées : celle du centre, la plus ancienne et que la tradition la fait remonter au XI° siècle, ; celle de l'est, qui contient les restes de Sidi Abdellah Benmansour et que la tradition la fait remonter au XVI° siècle, au nord est la mosquée de Sidi Benali Mohammed qui contient son tombeau et qui a été bâtie au XVIII° siècle.

Les mosquées de Sidi Abdallah Benmansour et de Mohammed Benali sont remarquables en ce qu'elles possèdent à la fois le tombeau d'un saint, une salle de prière et un Mihrab. Il est bon encore de noter que les tombeaux des saints sont indiqués dans l'architecture de l'édifice par des coupoles qui sont établies sur demi - voûte d'arête et qui reposent sur quatre arcades brisées. L'espace demeuré libre entre les arcades et les murs extérieurs est recouvert par une voûte d'arête. Cette disposition permet aux pèlerins de circuler autour du catafalque. Semblable disposition architecturale s'observe à la qoubba de Sidi Daoudi et à la Mosquée de Lalla Reyya à Tlemcen. Il s'agit bien d'édifices construits à double usage : mosquée pour la prière des fidèles et lieu de pèlerinage autour du tombeau d'un saint. Ces édifices bivalents ne se conçoivent qu'en pays rural, et pour une population peu nombreuse. On notera qu'à Tlemcen, par exemple, les mosquées de Sidi Boumedine, de Sidi L'Haloui, de Sidi Brahim, sont construits à côté de tombeaux de saints, mais que l'architecte a pris soin de rendre tout à fait indépendante la mosquée bâtie pour les besoins de la prière.

Nous ferons qu'une rapide visite au village de Tralimet. Ce village, séparé de celui d'Ain ElHout par une distance d'un kilomètre environ, comportent 500 habitants, presque tous ouvriers agricoles. Ce sont des gens aussi pauvres que ceux d'Ain El Hout. On le sent à l'absence d'eau courante, à l'absence d'électricité, à l'absence d'ornement dans l'architecture des maisons. Rares sont ceux de ces ouvriers qui possédant un petit lopin de terre. L'administration a fait construire, en 1955, une fontaine – abreuvoir à l'entrée du village ; c'est là que viennent les femmes s'alimenter en eau potable. La route qui traverse le village d'Ain El Hout conduit jusqu'à l'extrémité Sud de Tralimet et s'arrête en cul – de- sac.

Terminons notre promenade par une visite aux sources chaudes dites « tahammamit ». On emprunte sur 2 kilomètres une piste large, mais non carrossable, dont le départ se trouve en face de la salle de consultations sous un immense térébinthe. La descente à pic de la rivière est très difficile et peu pratiquée à bêtes. Les bords de la rivière sont, en cet endroit, couvert de lauriers – roses, et le site est très accueillant. Un barrage permet de traverser à sec quand le courant est peu abondant. Les jours de pluie, il est recommandé de se déchausser et de traverser sur les grosses pierres. Depuis une dizaine d'années la source chaude a été captée et entourée d'un grand bassin. Une vingtaine de personnes peuvent se baigner à la fois. La température de l'eau y est de 32 degrés. Un peu en amont, sur la rive gauche, un cafetier, qui vendait aussi des provisions de bouche, s'est installé il y a dix ans ; son commerce a périclité ; du café, il ne reste plus que les fondations.

Force nous est donc de ne pas nous attarder davantage en ces lieux enchanteurs ; après un bain aux sources chaudes, nous reprenons, par Ain El Hout, le chemin de Tlemcen.

Emile Janier.

Source : « Le village d'Ain El Houtz in Bulletin de la Société « Les amis du Vieux de Tlemcen », année 1956, pp.66-72

Table des matières

Printed by Books on Demand GmbH, Norderstedt / Germany